edition suhrkamp 2779

In der Moderne dominierte der Glaube, die Welt ließe sich gestalten und der Fortschritt sorge quasi automatisch für ein besseres Morgen. Erderwärmung, Wachstumskrise und subjektive Überlastungen haben diesen Optimismus erschüttert. Heute geht es in erster Linie darum, die Katastrophe abzuschwächen. Und selbst wenn dies gelingen sollte, werden wir mit dem Wandel umgehen müssen. Fragen der Selbsterhaltung überlagern dann jene der individuellen und kollektiven Selbstentfaltung. Anpassung wird zum Leitmotiv der Gesellschaft.

Auch die Coronapandemie hat gezeigt, dass wir im Angesicht der Interdependenz und der ökologischen Gefahren nicht länger der grenzenlosen Emanzipation huldigen können. Stattdessen, so Philipp Staab, wird die nächste Gesellschaft vor allem mit der Stabilisierung einer prekär werdenden Ordnung befasst sein. Daraus resultiert allerdings eine Krise des Selbst- und Zeitverhältnisses, auf die auch die Linke eine Antwort finden muss.

Philipp Staab, geboren 1983, ist Professor für die Soziologie der Zukunft der Arbeit an der Humboldt-Universität zu Berlin. Im Suhrkamp Verlag erschien zuletzt sein Buch *Digitaler Kapitalismus. Markt und Herrschaft in der Ökonomie der Unknappheit* (2019), das mit dem Hans-Matthöfer-Preis für Wirtschaftspublizistik 2021 ausgezeichnet wurde.

Philipp Staab

# *Anpassung*

## Leitmotiv der nächsten Gesellschaft

Suhrkamp

Klimaneutral
Druckprodukt
ClimatePartner.com/14438-2110-1001

2. Aufl. 2023

Erste Auflage 2022
edition suhrkamp 2779
Originalausgabe

Umschlaggestaltung nach einem Konzept von Willy Fleckhaus: Rolf Staudt
Satz: Satz-Offizin Hümmer GmbH, Waldbüttelbrunn
Druck: C.H. Beck, Nördlingen
Printed in Germany
ISBN 978-3-518-12779-7

www.suhrkamp.de

# Inhalt

# 1. Einleitung: Metamorphosen der Anpassung

> Hinter allen Versachlichungen tritt früher oder später die Frage nach der *Akzeptanz* hervor und damit die alte neue Frage, wie wollen wir leben?
>
> *Ulrich Beck (1986)*[1]

Könnte es sein, dass die moderne Semantik des Fortschritts, der Individualisierung, der Emanzipation und der Demokratisierung die falschen Anker für eine Analyse der Gegenwart und der erwartbaren Zukunft liefert? Dass eine Analyse, die auf die verbürgten Kontinuitäten der Modernisierung setzt, ins Leere läuft, weil sie den eigentlichen Formwandel der Gesellschaft verfehlt? Dass wir diese und die nächste Gesellschaft nicht aus ihrem offensiven, sondern aus einem primär defensiven Weltverhältnis heraus bestimmen müssten? Dass nicht Selbstentfaltung, sondern Anpassung, nicht Progression, sondern Selbsterhaltung ihr eigentliches Leitmotiv bilden?

Man kann zweifellos diesen Eindruck gewinnen, wenn man auf die ersten Dekaden des 21. Jahrhunderts zurückblickt. Mit großem Nachdruck hat man nach dem Zusammenbruch der globalen Finanzmärkte die extraktiven Praktiken des Finanzkapitalismus analysiert und gescholten, um dann dennoch dessen seinerzeit als »systemrelevant« geltenden Kern zu stabilisieren. Man hat es bei Adaptionsmaßnahmen bewenden lassen, statt offensiv auf einen transformativen Pfad umzuschwenken. Statt eines aktiven Neubeginns standen reaktive Praktiken *struktureller Anpassung* (*structural adjustment*) an kapitalistische Sachzwänge auf dem Programm, wie sie schon seit Jahrzehnten die Politik des IWF und der Weltbank gegenüber dem globalen Süden geprägt haben. Angesichts mehrerer akuter Krisen versuchen Gesellschaften weltweit nun zehn Jahre später, in eine aktiv handelnde Rolle zu finden. Welle um Welle aber erzwingt etwa die Covid-19-Pandemie – von den Höhen der Politik und der Wirtschaft bis in die Tiefen des familiären Alltags und der subjektiven Selbstpositionierungen – reaktives, adaptives Handeln. Die Zertrümmerung der europäischen Sicherheitsordnung durch den russischen Überfall auf die Ukraine bringt die Gesellschaften der transatlantischen Moderne in eine defensive Position, aus der man sich nicht wird herausrüsten können. Ihr Internationalismus will nicht solidarisch die Welt erobern, wie man es von der klassisch modernen Linken des 20. Jahrhunderts kannte, sondern schlicht die Verteidigungsfähigkeit gegenüber Risiken erhöhen, die plötzlich zu akuten Gefahren geworden sind.

Längst macht sich die Vermutung breit, dass es grundsätzlich sehr schwierig ist, gegenüber »spätmodernen« Risiken in die Offensive zu kommen, dass das handelnde Subjekt der Moderne zwar ein destruktives Weltverhältnis pflegt, seine eigene Steuerungsfähigkeit aber zugleich massiv überschätzt hat. Selbst wer sich die Entwicklung des Kapitalismus noch als prinzipiell steuerbar vorstellen kann und dementsprechend nach dem großen Umschwenken ruft,[2] das dessen destruktive Logik durch gesellschaftliche Einbettung abdämpfen soll,[3] ist in aller Regel wenig optimistisch hinsichtlich der Realisierungschancen einer solchen »Great Transformation«.[4] Noch deutlicher wird diese gesellschaftliche Stimmung im Hinblick auf den Klimawandel,[5] wo sich die Spielräume endgültig auf die abmildernde (Mitigation) und bewahrende (Resilienz) Antizipation von Sachzwängen, also auf *adaptive Reaktionen* begrenzen.

Unbeirrt hiervon dominiert in der synoptischen Analyse von Gegenwartsgesellschaften nach wie vor eine Semantik der Modernisierung. Die (spät)moderne Gesellschaft ist demzufolge noch immer getragen von einem ungebrochenen Ideal der Selbstentfaltung. Die frühe Modernisierung befreite das Individuum aus den repressiven Bindungen an Boden, Blut und Kirche, zerrüttete die »mechanische Solidarität«[6] vormoderner Gemeinschaften und zerschlug sklerotische feudale Herrschaftsverhältnisse. Dem setzte sie die freie Assoziation der Einzelnen, die Dynamisierung der sozialen Ordnung und die Demokratisierung individueller »Lebenschancen« entgegen.[7] Die Spätmoderne, so die dominante Lesart, folgt dieser Logik weiterhin weitgehend unbeirrt, wobei sie die Freiheit zur individuellen Besonderung, zum Entwurf des Selbst als singulärer Einheit sogar weiter radikalisiert.[8] Modernisierung bedeutet nach wie vor Befreiung im Sinne der »Kontingenzöffnung«.[9]

Zumindest der Möglichkeit nach. Denn gleichzeitig hat die »(spät)moderne« Gesellschaft von jeher auch neue Herrschaftsformate entwickelt und war insofern voller Ambivalenz: Dem Subjekt wies sie immer größere Eigenverantwortlichkeit zu und stellt es damit bis heute vor die Herausforderung, die seine Lebensführung stabilisierenden Sinnhorizonte selbst wählen und erhalten zu müssen. Nach der Lösung aus feudalen Strukturen und im flexibilisierten Kapitalismus der Gegenwart allzumal ist das Subjekt seines eigenen Glückes Schmied, zugleich aber selbst verantwortlich, wenn es scheitert; es muss sich in einer dynamischen Ordnung bewegen – ob es will oder nicht; für Lebenschancen muss es sich qualifizieren, obwohl die Versprechen der Meritokratie eine Illusion sind.[10]

Wo diese Beschreibungen kritisch gewendet werden, bilden meist Emanzipation und Authentizität die normativen Fluchtpunkte der Kritik. Anpassung steht dagegen in ihrem Fadenkreuz. Sie gilt als Merkmal traditionaler Gemeinschaften, die die Entfaltung des Individuums behindern, Einpassung verlangen. Gleichzeitig erzeugt die Freisetzung aus den betreffenden Zusammenhängen, aus Dorf, Kirche, Familie oder festgefügten Geschlechterrollen, eigene Quellen von Adaptionsdruck: Sind die traditionalen Bindungen verloren, ist Eigenverantwortung *alternativlos*, Adaption unumgänglich. Wer etwas werden will, muss sich nach den Spielregeln der modernen und dann spätmodernen Gesellschaft richten, auf die er oder sie keinen Einfluss hat. Über die Zielgrößen kapitalistischer Dynamisierung wird nicht verhandelt. Möchte das moderne Subjekt Eigenheim, Automobil und Einbauküche, muss es sich den Imperativen standardisierter Lebensverläufe, betrieblicher Herrschaft und dem Primat politischer Stabilität unterwerfen. Wünscht das spätmoderne Individuum eine Wohnung in Innenstadtlage, bodentiefe Fenster und Urlaub in Instagram-tauglichen Destinationen, muss es Flexibilitätsanforderungen gerecht werden, Motivation aus sich selbst schöpfen und überdies eigenverantwortlich für die Rente vorsorgen. In anderen Worten: Anpassung *zwingt*, Anpassung ist Repression. Die »(spät)moderne« Kritik denunziert sie daher bevorzugt als Gegenteil der Freiheit.

Analytisch betrachtet, stecken in dieser Kritik freilich viele Vorannahmen, die in der Gegenwart immer weniger plausibel wirken. Ihr Leitwert »Selbstentfaltung« ist hochgradig voraussetzungsreich. Die Spielräume der Individualisierung wachsen schließlich für die breite Bevölkerung erst, wenn basale Probleme der *Selbsterhaltung* gelöst sind. Die Erfüllung von Grundbedürfnissen wie Nahrung, Obdach und einem Mindestmaß an sozialer Sicherheit sind, wie etwa Ronald Inglehart unter Bezugnahme auf die Maslow'sche Bedürfnispyramide gezeigt hat, notwendige Bedingungen, damit es überhaupt so etwas geben kann wie ein kulturelles Primat der Individualisierung und Selbstverwirklichung.[11] Materialistisch besehen, ist genau dies der Grund, warum das Ideal der Selbstentfaltung so eng mit der Modernisierung der Gesellschaft verbunden ist. Denn die wirtschaftliche Dynamik, die die Modernisierung antreibt, eröffnet durch die Entschärfung von Überlebensfragen überhaupt erst die Handlungsfreiräume, die in ihrer Ambivalenz als neue gesellschaftliche Anpassungszwänge kritisiert werden können.

Ein entscheidender Punkt ist nun, dass die typisch moderne Überzeugung, Selbsterhaltungsfragen seien eigentlich gelöst, als stillschweigender Konsens der Gesellschaftsanalyse längst brüchig geworden ist. Vielmehr muss eine systematische *Rückkehr von Selbsterhaltungsfragen*, die freilich selbst ein Effekt der modernen Selbstentfaltungsprogrammatik sind, den Dreh- und Angelpunkt der Auseinandersetzung mit dieser, insbesondere aber wohl auch mit der nächsten Gesellschaft bilden.

Diese Erkenntnis ist keineswegs neu: Die Rückkehr von (Über-)Lebensfragen als Nebenfolge der Modernisierung hat allen voran Ulrich Beck bereits Mitte der achtziger Jahre unter dem Begriffspaar *Individualisierung und Risiko* zum Gegenstand der Gesellschaftstheorie gemacht.[12] Die Nebenfolgen fortschreitender Modernisierung treten, so Becks Analyse, zunehmend als nicht mehr zu leugnende Tatbestände ins öffentliche Bewusstsein und werfen als fundamentale »Sicherheitsverletzungen« die Frage nach den von der Gesellschaft zu gewährleistenden

»Lebens- und Überlebensrechten« auf. Umweltrisiken, Chemieunfälle oder der seinerzeit immer latent befürchtete Atomkrieg – allesamt Ergebnisse vermeintlicher menschlicher Naturbeherrschung – bildeten den Hintergrund dieser Reproblematisierung basaler Sicherheitsfragen.[13] Gezeigt wird, wie die moderne Programmatik der Selbstentfaltung selbst eigene Krisen der Selbsterhaltung hervorbringt. Ihre adaptive Bearbeitung ist dabei sowohl Effekt als auch Bedingung des Erhalts von Individualisierungsspielräumen, da Letztere nur unter Gewährleistung Ersterer entstehen können. Eine Soziologie, die diesen Tatbestand ernst nimmt, kann Anpassung folglich nicht mehr einfach als Gegensatz der Freiheit denunzieren. Vielmehr entpuppt sich Adaption als ihre Voraussetzung, vor allem aber als grundsätzliches Leitmotiv einer Gesellschaft, die infolge ihrer eigenen Modernisierung mit systematischen Selbsterhaltungsproblemen konfrontiert ist.

Dies gilt umso mehr, als Risiken, wie Beck betonte, selten wirklich »gelöst«, sondern höchstens gemanagt werden können, während gleichzeitig im Zuge fortschreitender Modernisierung immer neue Risiken kaskadenartig auftauchen. Selbsterhaltungsfragen radikalisieren sich also – und mit ihnen die Wahrnehmung eines Steuerungsverlusts. Dies lässt sich insbesondere an der gesellschaftlichen Thematisierung des Klimawandels nachvollziehen, seit wir immer genauer wissen, wie er mit Verlusten an Biodiversität (Artensterben) und spezifischen Gesundheitsrisiken zusammenhängt, und dass mit plötzlichen Radikalisierungen zu rechnen ist, wenn bestimmte Kipppunkte (*tipping points*) erreicht sind, dass er also gewissermaßen mit einer Multiplizierung sekundärer Gefahren einhergeht.

Der sich hier entfaltende Adaptionsdruck muss, wie es scheint, sogar bei relativ erfolgreichem Risikomanagement schlicht in Kauf genommen werden. Denn selbst dort, wo wirkmächtiges Handeln noch zumindest als kalkulierbar und daher eher wahrscheinlich erscheint, wirken die Fähigkeiten, Anpassungsprobleme erfolgreich zu bewältigen, auffällig begrenzt. Wer im politischen Mainstream beispielsweise von einem beherrschbaren Klimawandel spricht, meint damit eine Welt, die im Durchschnitt 1,5 bis 2 Grad wärmer ist als die vorindustrielle. Doch schon die aktuelle Erwärmung von rund einem Grad hat zunehmend unbeherrschbare Katastrophen im Gepäck, vom Artensterben über Pandemien und gigantische Waldbrände bis zur klimabedingten Entvölkerung ganzer Landstriche. Nicht *ob* Selbsterhaltungsrisiken eintreten, steht in diesem Kontext zur Debatte, sondern lediglich in welchem Ausmaß und daher auch *für wen* sie dies tun werden.

In ökonomischer oder geopolitischer Hinsicht sind vergleichbare Selbsterhaltungsprobleme und entsprechende Ernüchterungen der Handlungsmächtigkeit des modernen Subjekts ebenfalls offensichtlich. Wer auf wirtschaftliche Erholung hofft, tut dies im Kontext eines chronisch krisenhaften globalen Kapitalismus, der ohne staatlichen Beistand in immer kürzeren Abständen zusammenzubrechen droht, der neben einigen extremen Gewinnern eine immer größere Zahl von Verlierern produziert und auf wirtschaftlichen Praktiken basiert, die Öko- wie Biosphäre an den Rand des Kollaps gebracht haben. Zeitgleich ist das ausbeuterische Naturverhältnis selbst zu einer entscheidenden Quelle wirtschaftlicher Instabilität geworden, und der Adaptionsdruck auf die Subjekte erhöht sich stetig, während relevante alternative politische Ökonomien nirgendwo in Sicht sind. Mit dem endgültigen Ausklingen der US-Hegemonie wiederum kehren auch in der Geopolitik Selbsterhaltungsfragen zurück, die zumindest für einige Weltregionen seit dem Ende des Kalten Krieges temporär stillgestellt waren. Die aus der Nachkriegszeit noch erinnerliche Angst vor der nuklearen Bedrohung wird dabei in Europa mittlerweile von der Befürchtung unterfüttert, sich nicht länger im Epizentrum amerikanischer Sicherheitsinteressen zu befinden und im Zweifelsfall auf die interessenbasierte Vernunft etwaiger US-Administrationen nicht mehr ohne Weiteres bauen zu können. In solchen Zusammenhängen drängt sich zunehmend der Eindruck auf, dass man unkalkulierbare Gefahren erzeugt, die bestenfalls zeitweise »erfolgreich« externalisiert[14] werden können, die man aber keineswegs grundsätzlich im Griff hat.

Stellt man dies in Rechnung, wirken fast 40 Jahre nach der Verkündung der Risikogesellschaft die seinerzeit mit ihr verbundenen Hoffnungen weitgehend ernüchtert. Hatte man in den achtziger und neunziger Jahren noch glauben dürfen, dass die unter dem Stichwort der Individualisierung erfassten Dynamiken die Subjekte in die Lage versetzen würden, die betreffenden Risiken erfolgreich einzuhegen – dass also beispielsweise Konsumboykotts, Recycling, individuelle Verhaltensänderungen und der politische Druck sozialer Bewegungen die Exzesse des Risikokapitalismus stoppen und Friedensaktivismus eine konfrontative Politik zur Vernunft bringen könnte –, erscheinen diese Hoffnungen auf eine bessere, oder wie es bei Beck heißt: »reflexive Modernisierung« heute als übertrieben optimistisch. Die sicherlich in Teilen erfolgte subpolitische Einhegung von Risiken[15] und das reflexive Management von Modernisierungsfolgen konnten der Radikalisierung von Selbsterhaltungsproblemen keinen Einhalt gebieten. Vielmehr scheint es, als würde gerade das reflexiv-moderne Programm der Absorption von Unsicherheit durch die Überführung unberechenbarer Gefahren in kalkulierbare Risiken nicht länger funktionieren. Atomkraftwerke und zunehmend auch Klimarisiken sind nicht versicherbar, da die Kalkulation potenzieller Schadensfälle jede Versicherung mit ihrem eigenen Bankrott konfrontiert. Extremere Waldbrände und steigende Meeresspiegel sind zwar erwartbar, dennoch vermag ihre Berechenbarkeit niemanden mehr zu beruhigen. Individualisierungsgewinne haben Selbsterhaltungsrisiken systematisch verschärft, die ihrerseits zunehmend spürbaren Adaptionsdruck entfalten.

Wie aber soll man eine Gesellschaft beschreiben, die sich nicht primär von der Selbstentfaltung, sondern von Problemen der Selbsterhaltung her bestimmen lassen muss? Deren Leitmotiv nicht Fortschritt, Emanzipation oder individuelle Freiheit, sondern Anpassung darstellt? Intellektuelle Interventionen, die aus einer Perspektive der Anpassung erfolgen, liefern heute zaghaft erste Bilder von Gesellschaften, die sich von der rücksichtslosen Priorisierung des Selbstentfaltungsprogramms verabschiedet haben. Verwendete man zur Charakterisierung moderner Gesellschaften klassischerweise bevorzugt Metaphern des Körpers oder öfter noch der Maschine, ist das Leitsymbol sensitiver Gegenwartsanalysen heute der Pilz. Was der moderne Reflex zunächst als verunreinigenden Schimmel wahrnimmt, den es zu beseitigen gilt, oder als anzueignende Ressource, die man konsumieren oder auf dem Markt verkaufen kann, wird dort zum Sinnbild einer paradigmatischen nach-modernen Lebensform.

Eva von Redecker beispielsweise erkennt in Pilzen ein Gegenmodell zum isolierenden Individualismus der Moderne. Morcheln, Pfifferlinge oder Fliegenpilze bilden weitläufige unterirdische Myzele, die Bäumen als Lieferanten und Netzwerke für den Austausch von Nährstoffen dienen, während die Pilze vom Zucker profitieren, den die Bäume aus der Photosynthese gewinnen.[16] Das steht bei von Redecker sinnbildlich für eine symbiotische, reziproke und solidarische Lebensweise, an der sich Menschen für ihre Beziehungen zueinander, aber auch zu ihren natürlichen Umwelten ein Beispiel nehmen könnten. Die Subjekte müssen sich nur dazu entscheiden.

Bindet dieser romantische Bezug die Aufgabe einer modernen Weltbeziehung noch an ein heroisches, nach Emanzipation strebendes – also grundsätzlich: modernes – Subjekt, gehen andere Pilz-Theorien bereits darüber hinaus. So entringt die US-amerikanische Anthropologin Anna Lowenhaupt Tsing ihrer ökonomisch-sozialen Analyse des in Japan als Delikatesse geltenden Matsutake-Pilzes Bilder einer grundsätzlich adaptiven Gesellschaft, die nicht länger auf Rettung oder Befreiung hofft.[17] Wie die spätmodernen Risiken selbst sind Matsutake ein nichtintendiertes Beiprodukt der Modernisierung, wachsen sie doch nur in industriell genutzten Wäldern. Nachdem Japan im Laufe des 20. Jahrhunderts verstärkt auf Renaturierung setzte und die Verseuchung durch den Reaktorunfall von Tschernobyl die Pilze aus europäischen Wäldern ab 1986 ungenießbar machte, bildete sich ein neuer Schwerpunkt der Matsutake-Ernte an der US-amerikanischen Westküste. Hier beobachtet Tsing, wie in den Ruinen des kapitalistisch ausgelaugten Waldes um den Matsutake-Pilz herum eine spezifische Waldökologie, ja eine eigene Sozialökologie entstanden ist. Matsutake stützen den verwundeten Forst, ohne ihn zu heilen. Sie sind Helfer der Anpassung, und dies in mehrerlei Hinsicht. Denn jenseits der Waldökologie werden sie auch zur Lebensgrundlage von Nischenökonomien prekarisierter Gruppen, die die Pilze in den Wäldern Oregons sammeln. Hier treffen Sonderlinge auf gesetzesflüchtige Jugendliche, vor allem aber auf Gruppen asiatischer Einwanderer, für deren gemeinschaftsorientierte Lebensweise im modernen Amerika kein Platz ist. Sie bilden eine Assemblage adaptiver Prekarität zwischen Bäumen, Pilzen und Menschen, die für Tsing den Status einer global vernetzten und zugleich fragmentierten Gegenwart widerspiegelt.

Was sich hier andeutet, ist ein anderer, nicht moderner Begriff der Anpassung. Dabei geht es nicht um den heroisch-sorgenden Entschluss zur Symbiose als Vision einer Gesellschaft nach der Moderne. Die Sozialökologie der Gesellschaft wird vielmehr selbst als Effekt kapitalistischer Verwüstung und allumfassenden Weltverlusts imaginiert, Anpassung dagegen als Bedingung der Fähigkeit zu *Lebensführung* in einer Welt, für die es kein Zurück zu Fortschritt und Modernität gibt. Ergründet werden sollen vielmehr die Möglichkeiten eines Lebens in den Ruinen des Kapitalismus,[18] dessen Kernprobleme einerseits Fragen der Herrschaft, andererseits die das Subjekt stabilisierenden Sinnhorizonte darstellen. Schemenhaft erkennbar wird dabei eine Haltung, deren Träger nach dem Ort eines nachmodernen Subjekts in der Welt suchen, nach sichtbaren und unsichtbaren Netzwerken der Solidarität, die es im Angesicht der Krise nicht nur ermöglichen, biologisch zu überleben, sondern ein Leben tatsächlich aktiv zu führen. Tsing findet die entsprechenden Sinnbezüge in den Interaktionen des Überlebens, in den Nischen des globalen Kapitalismus, die von unwahrscheinlichen Allianzen prekarisierter menschlicher und nichtmenschlicher Lebensformen besetzt werden. Sie geben den Blick frei auf eine mögliche Lebensweise der Zukunft, in der es am Ende zufällige Ökologien und nichtmoderne Gemeinschaften sind, die die Möglichkeit eines subjektiv gelingenden Lebens gewährleisten.

Dieser tastende Blick auf die nächste Gesellschaft richtet sich hier auf die Ränder der gegenwärtigen, wo die Versprechen der Moderne längst aufgegeben sind, auf einen zerstörten Wald voller Entwurzelter, die weitgehend sich selbst überlassen bleiben und die der Krankenwagen in Ermangelung einer tauglichen Straße meist zu spät erreicht.[19] Mit der Moderne wird hier freilich in gewisser Weise gleich die Gesellschaft insgesamt aufgegeben. Die soziale Arbeitsteilung bildet als systemischer Zwang kapitalistischer Integration zwar den Hintergrund, schließlich werden die Pilze für den Weltmarkt gesammelt; positive Aspekte des Sozialen wie Solidarität, Freiheit und Sinn werden dagegen den Mikrogemeinschaften der Abgehängten zugeschlagen. Ganz grundsätzlich sind sie in ihren Adaptionsleistungen am Rande der Gesellschaft sich selbst überlassen. Wir haben es mit adaptiven Gemeinschaften, nicht mit einer adaptiven Gesellschaft zu tun.

Letztere begegnet uns dagegen, wann immer soziale Mobilisierungen als Reaktionen auf akute Risiken stattfinden, etwa im Kontext der Covid-19-Pandemie. Diese ist in den vergangenen Jahren vielfach als Vorspann zu jener Art von Krisen beschrieben worden, die laut allen vernünftigen Prognosen das 21. Jahrhundert prägen werden. Die Pandemie ist, nach aktuellem Kenntnisstand, nicht nur Effekt eines rücksichtslosen gesellschaftlichen Naturverhältnisses, sondern ähnelt den klimainduzierten Krisen der Gegenwart und Zukunft auch in der Hinsicht, dass von ihr akute Gefährdungen für menschliches Leben ausgehen, dass sie Defizite politischer Steuerung schonungslos offengelegt und dass ihre Bearbeitung in einzelnen Ländern zumindest zeitweise fundamentale Umstellungen der politischen Ökonomie angestoßen hat. Sie ist zudem eine Krise des Kapitalismus, nicht nur, weil man das ihr zugrunde liegende Naturverhältnis als genuin kapitalistisch beschreiben kann,[20] sondern auch, weil sie durch ihre wirtschaftlichen Folgen dramatische soziale Verwerfungen erzeugt und die kapitalistische Wirtschaftsweise selbst teils heftig erschüttert hat.

Heuristisch und zugespitzt formuliert, werden in dieser exemplarischen Anpassungskrise grundsätzliche Umstellungen sichtbar, die uns über den Charakter der adaptiven Gesellschaft informieren können. So machte die Anpassung an die Pandemie jene zuvor meist nicht akut thematisierten Probleme zivilisatorischer Selbstgefährdungen und gesellschaftlicher Verwundbarkeit – also Selbsterhaltungsfragen – zum grundlegenden Fluchtpunkt sozialer Stabilisierung und alltäglicher Lebensführung. Fundamentale »Sicherheitsverletzungen«[21] rückten ins Zentrum der gesellschaftlichen Selbstthematisierung und haben sich dort über zahlreiche pandemische Wellen hinweg einstweilen gehalten. Selbstverwirklichungsfantasien und Politiken der individuellen Freiheit traten zurück hinter Strategien des Schutzes von Leben sowie der Betonung gesellschaftlicher Vernetzung und Abhängigkeit. Im Rahmen dieser Dynamik wurden gesellschaftliche Koordinationsweisen grundlegend angepasst, man denke etwa an die Spontanspaltung des Arbeitsmarktes in systemrelevante und solche Tätigkeiten, auf die zeitweise verzichtet werden konnte, aber auch an die temporäre Mobilisierung von Freiwilligen oder den Einsatz des Militärs in essenziellen Bereichen. Eine Ökonomie der gesellschaftlichen Selbsterhaltung hatte hier zeitweise Vorrang vor anderen Wirtschaftsbereichen, die doch überwiegend mit weit größerem Prestige ausgestattet und in der Regel mit einem höheren sozialen Status verbunden sind. Im Zentrum standen in der Folge kurzzeitig jene Tätigkeiten, die für den Erhalt von Gesellschaft im basalen Sinne entscheidend sind und die offenbar gerade dann ins Licht der öffentlichen Wahrnehmung rücken, wenn soziale Stabilität bedroht ist. Die soziale Praxis der Anpassung richtete sich dabei gerade darauf aus, dass der Krankenwagen, der die Pilzsammler nicht erreicht, im Notfall doch kommt. Kollektive Anpassung entpuppt sich als eine spezifische Form der Arbeit, die auf die Erhaltung von Leben ausgerichtet ist und vornehmlich innerhalb eines Infrastrukturkomplexes der Gesellschaft erbracht wird. Anpassungspolitik, so lässt sich schließen, ist in bedeutendem Maße Infrastrukturpolitik. Sie gibt dem Allgemeinen Vorrang vor dem Besonderen, priorisiert kollektive Verpflichtung und eigenverantwortliche Selbstführung zulasten kompetitiver Selbstentfaltung.

Doch was sieht man jenseits solcher Intuitionen, wenn man Anpassung ins Zentrum der Gesellschaftsanalyse stellt? Welche Begriffe der Emanzipation, welche Zeitbezüge, welche Versprechen auf ein subjektiv richtiges Leben und welche Perspektiven des Politischen bildet die adaptive Gesellschaft aus? Wirft man diese *genuin soziologischen* Fragen auf, geht es um weit mehr als um Probleme des biologischen Überlebens. Die die gesellschaftliche Selbstthematisierung prägenden Selbsterhaltungsprobleme sind vielmehr als Fragen nach der Möglichkeit und Form von Lebensführung zu bestimmen. Denn Weisen der Lebensführung bilden zum einen die Grundlage der alltäglichen Stabilisierung gesellschaftlicher Strukturen. Zum anderen sind sie getragen von spezifischen Sinnbezügen, die ihrerseits die Subjekte in der Fortsetzung ihrer *gesellschaftlichen* Existenzweise stabilisieren. Will man Anpassung also als gesellschaftliche Praxis erfassen, geht es zuvorderst um die Konfigurationen *adaptiver Lebensführung*. Den zentralen Orientierungspunkt einer solchen Perspektive bildet insbesondere Max Webers berühmte Analyse der sozialen Bedingungen kapitalistischer Modernisierung. Diese erfasst er als Effekt spezifischer Sinnhorizonte, die ihrerseits auf die Möglichkeit zukünftiger Erlösung ausgerichtet waren.[22] So erläutert Weber in seiner Abhandlung zur protestantischen Ethik, wie die unsichere Heilserwartung des Protestantismus jene auf die Ewigkeit ausgerichteten Zeithorizonte erzeugte, die als Motivation einer von innerweltlicher Askese getragenen Lebensführung zum Ausgangspunkt kapitalistischer Dynamik wurden.

Wie sich unschwer erkennen lässt, sind mit einer solchen Perspektive auch Fragen gesellschaftlicher Herrschaft aufgerufen. Denn Lebensführung strukturiert soziale Zusammenhänge von den Konfigurationen der Ungleichheit bis zu den Modi politischer Herrschaft. Es macht schließlich einen Unterschied, ob man etwa die liberale Demokratie aus der Perspektive eines Tagelöhners oder einer Managerin betrachtet. Was für Ersteren als ausbeuterisches System erscheint, für das er womöglich nur Spott und Verachtung übrig hat, gilt Letzterer als Ermöglicher von Anerkennung und Erfolg und damit als hochgradig legitime Herrschaftsform. Auch die Kritik der Gesellschaft muss sich daher von den sie prägenden Vektoren der Lebensführung her entfalten.

Der entscheidende Aspekt für eine Analyse der Gegenwart liegt freilich darin, *dass die Möglichkeit der Lebensführung – also der an kollektiven Sinnbezügen orientierten und zugleich in relativer Autonomie gestaltbaren Praxis des Individuums – im Zei-*

*chen gesellschaftlich virulenter Selbsterhaltungsfragen schlicht nicht mehr einfach unterstellt werden kann.* Zur adaptiven Gesellschaft gehört vielmehr das für sie konstitutive Wissen, dass Lebensführung und damit Subjektivität fundamental gefährdet sind – und zwar durch sich selbst. Die adaptive Konstellation wirft damit die soziologisch entscheidende Frage auf, unter welchen Voraussetzungen Lebensführung unter den Bedingungen gefährdeter Selbsterhaltung gelingen kann.

Die Antwort auf diese Frage, die ich in den folgenden Kapiteln Stück für Stück entfalten werde, lautet, grob gefasst, dass erstens unter Selbsterhaltungsbedingungen stabilisierende Sinnbezüge aus adaptiver Praxis gewonnen werden, die sich in ihren Grundzügen – der Absage an einen modernen Begriff der Emanzipation, einem reflexiven Verzicht auf Fortschritt als Leitbild gesellschaftlicher Zukunft, einem kompetenz- und verantwortungsbasierten sowie dem Selbstverständnis nach post-narzisstischen Ideal des richtigen Lebens – beschreiben lässt. Zweitens entfaltet Lebensführung in der gegenwärtigen Konstellation der adaptiven Gesellschaft eine spezifische politische Dynamik, die ich als *technokratische Sehnsucht* erfasse. Meine Befunde entspringen dabei einer Haltung, die Anpassung als reales gesellschaftliches Phänomen ernst nehmen möchte, ohne in den soziologischen Chor jener einzustimmen, die Adaption – einer modernen Perspektive folgend, die Ingolfur Blühdorn treffend und polemisch als »subjektzentriertes Emanzipationsprogramm«[23] beschrieben hat – kategorisch ablehnen. Es geht mir dabei zunächst um den Versuch einer neutralen Betrachtung von Anpassung als einer zentralen gesellschaftlichen Praxis, nicht um ihr Lob, aber auch nicht um ihre Denunziation.

Einer Soziologie, die über eine Beobachtung von Anpassung zu einem Begriff der Gesellschaft kommen möchte, fehlen einstweilen noch die Wörter. Sie muss Abstand gewinnen von den normativen Konnotationen des Begriffs in der Semantik der modernen Vergangenheit. In deren Tradition wird Anpassung eben nach wie vor keineswegs neutral oder offen thematisiert, sondern in der Regel wahlweise zynisch oder denunziatorisch ins Spiel gebracht. Zynisch, wenn mit Adaption die Stabilisierung einer sozialen Ordnung gemeint ist, die sich doch gerade verändern müsste, um angesichts von Selbsterhaltungsrisiken zu bestehen. Denunziatorisch, wenn Anpassung als Affront gegen die verdiente Selbstentfaltung des Individuums begriffen wird. Im zweiten Kapitel werde ich mich daher zunächst mit dem klassischen soziologischen Verständnis von Anpassung befassen und es in Beziehung setzen zur aktuellen Krise (spät)moderner Gesellschaften und den dort auch jenseits der Soziologie entwickelten Lesarten von Anpassung. Es zeigt sich dabei, dass alle vorliegenden Zugriffe auf gesellschaftliche Adaption sich, wie oben bereits angedeutet, vor dem Hintergrund eines normativen Primats der *Selbstentfaltung* entwerfen. Mit einer Umstellung der Perspektive auf Probleme der *Selbsterhaltung* scheint sich dagegen ein neues Verständnis von Anpassung zu etablieren, das diese als integrierte Praxis individueller und kollektiver Transformation und als *Voraussetzung* etwaiger Freiheitsgewinne in der adaptiven Gesellschaft begreift. Gleichzeitig wird so der moderne Leitbegriff der Emanzipation infrage gestellt, geht es bei Anpassung doch primär um eine Praxis, die Lebensführung ganz basal erst ermöglichen soll. Ein aktualisiertes Verständnis von Anpassung skizziert allerdings, bei allen ihr innewohnenden Zumutungen, auch eine eigene Perspektive der Freiheit. Denn mit der Ablösung des kulturellen Primats der Selbstentfaltung können auch spätmoderne Selbstverwirklichungszumutungen in den Hintergrund treten.[24]

Nicht mehr zu vermitteln ist die adaptive Gesellschaft hingegen mit einer klassisch-modernen Perspektive auf Fortschritt als gesellschaftlichem Projekt konstanter Perfektionierung, grenzenloser Selbstentfaltung und immer weiterer Erschließung, Gefügigmachung und Vernutzung von Zukunft durch ein heroisches Subjekt. Der Aufstieg des Paradigmas der Anpassung, wie er sich etwa im Bedeutungsgewinn neuer politischer Leitbegriffe wie Mitigation und Resilienz ausdrückt, ist daher mit einer Krise (spät)moderner Zeitbezüge verbunden, wie ich in Kapitel 3 zeigen werde. Die adaptive Gesellschaft, so die Schlussfolgerung, ist dabei schon weiter als große Teile der sie beobachtenden Sozialwissenschaften.

Sie hat sich in ihren messbaren subjektiven Sinnbezügen bereits seit geraumer Zeit von der Idee eines gesellschaftlichen Projekts des Fortschritts – also der konstanten Verbesserung menschlicher Lebensverhältnisse, der im Prinzip grenzenlosen Entfaltung des Subjekts und der von ihm betriebenen heroischen Eroberung und Gestaltung der Zukunft – verabschiedet. Auch hier scheint eine eigene Perspektive der Befreiung auf. Denn mit dem Verzicht auf Fortschritt wird das spätmoderne Subjekt auch von der Verantwortung für das unglaubwürdig gewordene Projekt gesellschaftlicher Perfektionierung entlastet.

Diese Entlastung von Zumutungen der Selbstentfaltung und von der Verantwortung für ein destruktives modernes Projekt sind freilich rein negative Perspektiven der Freiheit. Man verliert bestimmte Ketten, wenn es weniger wichtig wird, überall als unverwechselbares Subjekt zu erscheinen, und stattdessen kollektive Transformationen an Bedeutung gewinnen; wenn subjektiv das Gemeinsame gegenüber dem Solitären betont wird und wenn man nicht mehr scheineuphorisiert so tun muss, als würde alles besser, wenn wir uns nur anstrengen, während doch gleichzeitig die Wahrnehmung vorherrscht, dass Probleme planetaren Ausmaßes das Überleben gefährden. Auf der Suche nach positiven Freiheitsperspektiven wende ich mich im vierten Kapitel jener soziologischen Literatur zu, der ein positiver Begriff von Anpassung entlehnt werden kann. Dabei wird Adaption einerseits mit einer von Steigerungszwängen[25] befreiten Praxis identifiziert und andererseits als kreative und rebellische Praxis erörtert, die kulturelle Wertorientierungen ebenso infrage stellt wie gesellschaftliche Normen und Regeln. Die adaptive Revolte, die man beispielsweise im Kontext der neuen Klimabewegung wahrnehmen kann, beinhaltet unter dem Eindruck von Selbsterhaltungsproblemen beispielsweise eine eigene Logik des Politischen. Ihren Fluchtpunkt bildet das Leitbild einer rationalen Technokratie des Überlebens.

Diese technokratische Sehnsucht taucht auch im anschließenden fünften Kapitel wieder auf, in dem ich mich der Kritik der adaptiven Gesellschaft widme. Eine sich als verstehend begreifende Soziologie kann eine solche Kritik nicht diktieren – sie kann sie aber empirisch schöpfen. Ich werde dies auf der Basis von qualitativen Interviews mit systemrelevanten Beschäftigten tun, die zwischen der zweiten und der fünften Welle der Covid-19-Pandemie in Deutschland geführt wurden. Meine Unterstellung dabei lautet, dass auf diese Weise zentrale Akteure gesellschaftlicher Adaption in den Blick geraten – schließlich sind es gerade jene Beschäftigten, die die kollektive Anpassung der Gesellschaft durch ihre Arbeit gewährleistet haben. Die Ereignisse und Erfahrungen dieses Feldes im akuten Krisenfall werden dabei gewissermaßen als experimentelles Beobachtungsfeld adaptiver Praxis und Sinnbezüge im Kleinen verstanden. Auf diese Weise beleuchte ich, welche Kritiken an ihrer Situation und an der Gesellschaft diese adaptiven Avantgarden artikulieren und welche Wünsche und Perspektiven der Freiheit sie entfalten. Sichtbar werden dabei massive Überforderungserfahrungen, die von den betreffenden Subjekten vor dem Hintergrund einer grundsätzlich als dichotom gespalten wahrgenommenen Sozialordnung formuliert werden. Diese deuten sie wiederum selbst als Effekt narzisstischer kultureller Prägungen und einer systemischen Krise der politischen Steuerungsfähigkeit. Aus dem empirischen Material geht hervor, dass man sich in der Konsequenz letztlich Entlastung durch eine Entpolitisierung von Selbsterhaltungsfragen erhofft, deren Durchsetzung man sich von einer guten Technokratie der öffentlichen Güter verspricht.

Das abschließende sechste Kapitel nimmt diese Sehnsucht nach technokratischer Entpolitisierung zum Anlass, die beschriebenen Elemente der adaptiven Gesellschaft in Bezug auf die ihr impliziten politischen Vektoren abzuklopfen. Weder die weitere Demokratisierung noch die emanzipative Umwälzung der Verhältnisse stehen dabei im Mittelpunkt politischer Bedürfnisse. Vielmehr spielt die Vision einer sozialen Konflikten entzogenen Bearbeitung von Selbsterhaltungsfragen nicht nur aus der Sicht adaptiver Protestavantgarden und der Fachleute der Anpassung die entscheidende Rolle, sondern auch im Kontext politischer Theorien, die sich im Kern von Selbsterhaltungsfragen her entwerfen. Während die sukzessive Normalisierung gesellschaftlicher Risiken bisher zur Stilllegung gefährdungsinduzierter Legitimationsprobleme beitragen konnte, wird unter dem Primat der Selbsterhaltung deren Entpolitisierung zur entscheidenden Bedingung politischer Legitimität. In scharfem Kontrast zur Selbstentfaltungsmoderne bringen Selbsterhaltungsfragen daher eine Zivilisation zur Ansicht, gemäß deren Selbstthematisierung sich die Freiheitsgrade der Lebensführung am Erfolg der Entpolitisierung solcher Fragen bemessen. *Protektive Technokratie* bildet den Fluchtpunkt des Gesellschaftsvertrags der adaptiven Gesellschaft.

Ich danke meinem Lektor Heinrich Geiselberger und meiner Agentin Aenne Glienke für ihr Engagement bei der Entstehung dieses Buches, meinen Mitarbeiterinnen Truc Nguyen, Lena Prediger und Rahel Busch für wertvolle Zuarbeiten zum Manuskript und den Teilnehmerinnen und Teilnehmern meines Seminars »Die Gesellschaft der Anpassung« aus dem Sommersemester 2021 und dem Wintersemester 2021/22 dafür, dass sie die Mehrheit der Interviews, die im Text besprochen werden, geführt und ausgewertet haben.

Mein ganz besonderer Dank gilt Martin Bauer für Gespräche zur Entwicklung der Idee und für Kommentare zum Manuskript, deren Wert gar nicht zu überschätzen ist, und dafür, dass er sofort an das Buch geglaubt hat.

## 2. Von Selbstentfaltung zu Selbsterhaltung

> Gemeinsam müssen wir ein Territorium finden, das für uns alle bewohnbar ist. Darin liegt die neue Universalität.
>
> *Bruno Latour (2017)*[1]

Anpassung kann als Leitmotiv einer Gesellschaft gelten, die im Begriff ist, in ihrer Selbstwahrnehmung und den entsprechenden sozialen Praktiken Selbsterhaltungsprobleme gegenüber einem modernen Programm der Selbstentfaltung in den Vordergrund zu rücken. Damit ist freilich keineswegs gesagt, dass Individualisierungsdynamiken zum Stillstand kommen, noch nicht einmal, dass diese sich abschwächen müssen. Worum es geht, ist lediglich, die zentrale Strukturdynamik einer solchen Gesellschaft zu erschließen, indem man die Perspektive von einem modernen Emanzipations- auf ein einstweilen noch unbestimmtes Adaptionsprogramm verschiebt. Dabei ist zunächst festzuhalten, dass Anpassung weder ein neues Phänomen noch eine genuin mit der Moderne verbundene Praxis ist. Allerdings entwickeln moderne Gesellschaften Anpassungsdruck nach einer eigenen Logik, die es zu analysieren und heuristisch von einer Adaptionspraxis zu unterscheiden gilt, die sich von Selbsterhaltungsproblemen her versteht.

Beginnen wir bei der Bestimmung dieser Unterschiede mit den stabilen Grundeigenschaften gesellschaftlicher Adaption, kann konstatiert werden, dass sich Gesellschaften eigentlich immer Anpassungsprobleme stellen. Umstände oder Ereignisse, die außerhalb der Kontrolle der einzelnen Gesellschaftsmitglieder liegen, erzwingen die Adaption ihrer Praxis an die vermeintlich »äußeren« Irritationen. Anpassung ist also Veränderung. Aber Anpassung ist keine freie Entscheidung. Da sich die Rahmenbedingungen menschlichen Lebens stetig verändern, ist die Notwendigkeit, sich anzupassen, sowohl menschheitsgeschichtlich als auch im Kontext alltäglicher Lebensführung der Normalfall. Für »ursprünglichere« Gesellschaften stellen wechselnde Umweltbedingungen das wohl größte Anpassungsproblem dar. Der Mensch kann nur jagen und sammeln, pflanzen und ernten, wo und wann die wechsellaunige Natur es erlaubt: Eine Veränderung der Bedingungen erzwingt Adaptionen.

Mindestens drei Merkmale sind für derartige *ursprüngliche* Konstellationen der Anpassung charakteristisch. Erstens sind die betreffenden Probleme gesellschaftsextern, sie entstehen also jenseits der Verfügungsgewalt der jeweiligen menschlichen Gemeinschaften oder werden zumindest so wahrgenommen. Verhandlungen mit diesen Problemen oder Gefährdungen sind daher ausgeschlossen. Zweitens ist Anpassung in solchen Zusammenhängen vor allem eine Praxis der Selbsterhaltung, denn ohne erfolgreiche Anpassung ist das Überleben bedroht. Drittens fallen in dieser Konstellation individuelle und kollektive Adaption zusammen. Selbsterhaltung findet in Gemeinschaft statt. Die Wandlung Einzelner reicht daher nicht aus, wenn es um die Anpassung kollektiver Lebensweisen geht.

In modernen Gesellschaften verhält es sich zunächst ähnlich. Als Formationen, die sich nur dynamisch stabilisieren können,[2] ist Veränderung ihr Geschäft. Dynamische Stabilität – gewonnen durch konstantes wirtschaftliches Wachstum, technische Beschleunigung, kulturelle Innovationen und die ständige Revidierbarkeit von als verbindlich geltenden Entscheidungen[3] – bedeutet, dass die Menschen sich einem permanenten Wandel und den ihn sichernden Normen und Regeln fügen müssen. Anpassung ist auch hier Normalzustand und Bedingung des nun stark beschleunigten gesellschaftlichen Lebens: Eine hohe Reisegeschwindigkeit ist nur möglich, wenn Verkehrsregeln grundsätzlich akzeptiert werden, für den Erfolg am Arbeitsmarkt muss man sich erst der Schule und dann den Strukturen des Berufsfelds fügen, neue Technologien kann man nur nutzen, wenn man sich an die Verwendungsregeln hält etc.

Noch grundsätzlicher gilt: Als lernende Geschöpfe beobachten wir andere, ahmen nach, erkennen die an uns gerichteten Erwartungen und bemühen uns, ihnen zu entsprechen. Anpassung steht in diesem Zusammenhang schlicht für das Versprechen, dass Gesellschaft überhaupt möglich ist. Schon ein kurzer Blick in das Wörterbuch der Soziologie lehrt, dass

Anpassung zunächst »Veränderung von Eigenschaften, Gewohnheiten, Orientierungen und Verhaltensformen« bedeutet; aus diesem Grund stellt sie eine grundlegende Voraussetzung dar

> für die Teilhabe an wechselseitigen sozialen Beziehungen und für die Mitwirkung und Funktionsübernahme in arbeitsteiligen Systemen, d.h. für die Bewältigung sozialer Kooperations- und Umwelterfordernisse und damit für das prinzipielle Weiterbestehen menschlicher Gesellschaft überhaupt […].[4]

Für einen Teil der modernen Soziologie ist Anpassung daher unabdingbar, da sie grundlegende Probleme löst, oder, besser gesagt: *das* basale Problem von Gesellschaft schlechthin. Diese Soziologie entwirft sich ausgehend von der Grundfrage, wie Gesellschaft möglich ist. Dass Menschen friedlich miteinander leben, dass sich in Gesellschaften soziales Vertrauen und arbeitsteilige Strukturen ausbilden, ist ihr keineswegs selbstverständlich, sondern stellt vielmehr das ursprüngliche Rätsel dar, dem sie sich widmet. Dahinter liegt das vom Leitsoziologen der transatlantischen Nachkriegszeit, Talcott Parsons, so titulierte »Hobbesian problem of order«.[5] Die Entstehung von Gesellschaft ist erklärungsbedürftig, weil sie erst einmal ein Problem zu lösen hat: Vor den gesellschaftlichen Strukturen gibt es keine Sicherheit für das eigene Leben. Selbst das stärkste Individuum, wie es bei dem Philosophen Thomas Hobbes heißt, kann durch die List des Schwächsten oder mithilfe von Allianzen überwältigt und getötet werden.[6] Wenn wir davon ausgehen, dass Menschen durch Kooperation mehr erreichen können als alleine, wie können sie sich unter solchen Bedingungen der Unsicherheit auf ein Miteinander einlassen? Hobbes bringt an dieser Stelle bekanntlich die Figur des Gesellschaftsvertrags ins Spiel. Über ihn verpflichten sich die Menschen, das Monopol legitimer Gewalt auf den Staat zu übertragen. Adaption an dessen Regeln garantiert im Anschluss die Sicherheit der Bürger voreinander.

Dabei haben unterschiedliche Soziologen vor und nach Parsons eine Lösung des hobbesschen Ordnungsproblems konzeptualisiert. In der klassischen Soziologie ist insbesondere Émile Durkheim hervorzuheben, weil er sich nicht nur mit der Frage gelingender Ordnung, sondern auch mit den Folgen ihrer Erosion befasst hat. Bei Durkheim wird soziale Ordnung in modernen Gesellschaften vor allem über funktional differenzierte Strukturen der Arbeitsteilung reproduziert.[7] Über die Wahrnehmung der Rolle, die ihre eigene Arbeit für das Ganze spielt, erkennen sich die Einzelnen als notwendiger Teil eines Zusammenhangs, der ihre soziale Existenz sichert. Im Effekt entwickelt sich eine »organische« Form von Solidarität, weil klar ist, dass – um bei Durkheims Bild zu bleiben – kein einzelner Teil des Gesellschaftskörpers ohne die jeweils anderen leben kann. Geteilte Normen, die insbesondere in funktional differenzierten Berufen ausgebildet werden,[8] sichern dabei soziale Kooperation und die Integration der Einzelnen.

Dies ist freilich nur möglich, weil sich die Menschen den entsprechenden Regeln und Normen anpassen. In der frühen Version von Parsons' berühmtem AGIL-Schema sind dementsprechend neben den Aspekten Zielerreichung (*goal attainment*), Integration und Latenz (im Sinne der dauerhaften Aufrechterhaltung von Wertmustern usw.) unter dem Stichwort der Anpassung (*adaptation*) all jene individuellen Verhaltensweisen gemeint, die aktiv erbracht werden müssen, damit sich ein Handlungssystem erhalten kann.[9] Die Richtschnur des entsprechenden Verhaltens bilden Werte, die dem kulturellen System entspringen und von denen aus sich das jeweils angezeigte adaptive Verhalten bestimmen lässt. Sind die Individuen Teil desselben kulturellen Systems, bedeutet dies nichts anderes, als dass weitgehender Konsens über die für die Stabilisierung sozialer Ordnung als notwendig erachteten Verhaltensanpassungen besteht. Die Folge ist, dass Konformität herrscht oder, wie es bei Parsons heißt: »Order in this sense means that process takes place in conformity.«[10]

Von misslingender Anpassung geht demnach eine Gefahr für die Einzelnen aus. In gesellschaftlichen Krisen wiederum können diese individuellen Erfahrungen zu kollektiven Problemen eskalieren. Zerbrechende Normalitäten, etwa durch Kriege oder Wirtschaftskrisen, bringen die soziale Ordnung ins Wanken. Es wird unklar, welche Regeln noch gelten und wer sich überhaupt an sie hält. Die Gesellschaft droht in eine Situation der Regellosigkeit abzugleiten – Durkheim spricht von »Anomie«. Individuen verlieren dabei ihren Halt, was sich zum Beispiel in steigenden Selbstmordraten niederschlagen kann.[11] Individuelle Anpassung muss in einer solchen Soziologie im Umkehrschluss als Bedingung einer gelingenden Lebensführung interpretiert werden, das Fehlen normativ verbindlicher Sinnbezüge dagegen als Selbsterhaltungsrisiko.

Dass gelingende Lebensführung ohne Anpassung nicht möglich ist, gilt umso mehr, als erfolgreiche Adaption in dieser Lesart bis heute als Voraussetzung jedweder Chance auf gelingende Selbstentfaltung verstanden werden kann. Individuelles Prestige, Reputation und Anerkennung schöpfen sich aus der Gesellschaft selbst und setzen voraus, dass man sich entsprechend der Erwartungen anderer verhält. Um sich Respekt als wertvolles Mitglied von Buchklub, Gewerkschaft oder Graffiti-Crew zu erwerben, muss man nach den impliziten Regeln dieser Institutionen spielen. Ob Südneuköllner Block oder Universität, wer in einem spezifischen Kontext als besonders gelten möchte, tut gut daran, nicht zu weit aus der Reihe zu tanzen.

Den Soziologien der Ordnung stehen in der Moderne Denkerinnen und Denker der Freiheit gegenüber. Gelangen Erstere über ihre normative Grundorientierung an latent immer drohenden Selbsterhaltungsproblemen zu einem primären Interesse an der Stabilisierung sozialer Strukturen, bildet den Fluchtpunkt für Letztere die Überwindung formierter Herrschaftsverhältnisse beziehungsweise die Frage, was die unter modernen Bedingungen möglichen Freiheitsgewinne blockiert oder welche Freiheit im Modernisierungsprozess verloren geht. Soziologien von Freiheit und Herrschaft zeichnen sich durch einen emanzipationsorientierten Blick auf das Individuum aus, der mal mehr, mal weniger explizit geäußert wird. Sie betrachten soziale Ordnung immer auch als Herrschaftszusammenhang, der die Handlungsmöglichkeiten der Einzelnen über Gebühr einschränkt. In der inneren Normativität dieser Theorien wiegen die Chancen auf Selbstentfaltung für das Gelingen von Modernität schwerer als die funktionale Integration. Für diese Autor:innen ist Anpassung nicht nur Bedingung von Gesellschaft, sondern auch ein Problem.

In den klassischen Soziologien der Freiheit ist Anpassung folglich eine tendenziell empathisch beobachtete Verliererpraxis. Der sich entfaltende Modernisierungsprozess lässt keinen Stein auf dem anderen, verändert soziale Gemeinschaften und Produktionsweisen durch Industrialisierung, politische Organisation durch die Entwicklung moderner Staatlichkeit und Lebensweisen durch neue räumliche und soziale Mobilitätsmuster. Als alle gesellschaftlichen Bereiche berührender Rationalisierungsprozess im Sinne Max Webers tritt die Modernisierung den Einzelnen dabei als fremde Macht gegenüber, als eine neue Form von Umwelt, die droht sich in ein »stahlhartes Gehäuse der Hörigkeit«[12] zu verwandeln. Einige wenige treiben diesen Wandel voran. Viele müssen sich fügen und werden dafür mal besser, mal weniger gut entschädigt.

Nach dem stillen normativen Konsens und den Versprechen bestehender Strukturen, die die Menschen locken, wird in diesen Soziologien nicht gefragt. Lenken die Theorien der Ordnung unseren Blick auf die Entlastungen, die Bürgerinnen durch moderne Bürokratien, Konsumenten durch personalisierte Werbung oder Unternehmer durch billigen Kohlestrom erfahren, wollen Soziologien der Freiheit Abstand von den Dingen gewinnen und inspirieren damit die Hoffnung, über sie hinausgelangen oder zumindest unter den gegebenen Bedingungen eine spezifische Form der Freiheit finden zu können. Statt den stabilitätsgewährleistenden Wertekonsens in der bürgerlichen Kultur zu feiern, diagnostiziert beispielsweise Max Weber nüchtern das Problem der Erzeugung von Folgebereitschaft und die Verengung von Handlungsspielräumen für das zunehmend rational verwaltete Subjekt. Die Moderne entzaubere traditionale und charismatische Legitimationsformen von Herrschaft zugunsten legaler Ordnungen. Statt altehrwürdigen Ritualen oder besonderen Personen zu folgen, kann man die geltenden Regeln nun nachlesen. Die Möglichkeiten, sich zu widersetzen, und die Spielräume individueller Freiheit bleiben dabei freilich begrenzt. Gleichzeitig betrachtet Weber

Freiheit aber durchaus als entscheidenden Horizont der Lebensführung. Es geht ihm dabei vor allem um die möglichst bedingungslose Orientierung an einem individuell bestimmten »letzten Wert«.[13] Frei ist demnach, wer sich seinem eigenen Willen in der Verfolgung eines persönlichen Werts ganz und gar verschreibt, sich gewissermaßen aus freien Stücken einem selbstgewählten Ziel unterwirft – wer etwa aus Überzeugung und aus Rücksicht auf das Wohl anderer Lebewesen ungeachtet des eigenen Heißhungers auf den Verzehr von Fleisch verzichtet. So bleibt der Fokussierung auf Herrschaft die Frage nach der Freiheit nicht nur als absolutes Gegenbild eingeschrieben, sondern Freiheit wird als Aufgabe der Gestaltung von Lebensführung begriffen.

Bei Karl Marx liegen die Dinge anders. Zwar tritt auch hier Herrschaft den Individuen als Zwang zur Anpassung gegenüber. Fabrikregime oder Hunger, Ausbeutung oder Tod lauten die Alternativen für die frühindustriellen Massen. Doch liegt die Freiheit bei Marx jenseits dieser Herrschaft. Er verweist auf die kommende Verkehrung der Verhältnisse in einer Welt, die die Notwendigkeit der Anpassung minimiert, um die Chancen der Selbstentfaltung zu maximieren. Frei wären wir im Kommunismus,

> wo Jeder nicht einen ausschließlichen Kreis der Tätigkeit hat, sondern sich in jedem beliebigen Zweige ausbilden kann, die Gesellschaft die allgemeine Produktion regelt und mir eben dadurch möglich macht, heute dies, morgen jenes zu tun, morgens zu jagen, nachmittags zu fischen,

> abends Viehzucht zu treiben, nach dem Essen zu kritisieren, wie ich gerade Lust habe, ohne je Jäger, Fischer, Hirt oder Kritiker zu werden.[14]

Noch heute inspiriert diese Perspektive Gesellschaftsanalysen, die – etwa im Kontext erwarteter Automatisierung oder einer strukturellen Wachstumsschwäche des Kapitalismus – eine rückläufige Nachfrage nach Arbeitskraft zum Ausgangspunkt nehmen.[15] Statt den Verlust von Einkommensquellen oder gar sinnstiftenden Tätigkeiten zu betrauern, sehen sie in der Reduktion der gesellschaftlich notwendigen Arbeit vor allem die Chance, dem Reich der Notwendigkeit und dem von ihm entfalteten Anpassungsdruck durch eine Neuverteilung von Arbeitszeit endlich größere Kontingente zugunsten des Reichs der Freiheit abzutrotzen, um so die Möglichkeiten individueller Selbstentfaltung zu steigern.[16]

Theorien dieser Traditionslinien entwickeln meist einen pejorativen Begriff von Anpassung, da diese mit freiwilligem oder erzwungenem Konformismus identifiziert und damit zum Gegenbegriff der Emanzipation gemacht wird. In Herbert Marcuses *Der eindimensionale Mensch* ist dann etwa von »freiwillige[r] Unterwürfigkeit«[17] die Rede, wo Soziologien der Ordnung lediglich die gelingende Stabilisierung der Gesellschaft erkennen würden. In der Tradition solcher kritischen Soziologien ginge es auch heute noch darum, die in (spät)modernen Gesellschaften vorhandenen Fiktionen von Freiheit zu entlarven. Im

Fahrwasser der Kritik der kapitalistischen Kulturindustrie, erstmalig formuliert in den vierziger Jahren des 20. Jahrhunderts,[18] kann man etwa mit der Beobachtung zu punkten versuchen, dass, wer sich heute mit Tätowierungen oder Schmuck als einzigartiges Subjekt präsentieren möchte, dies kaum ohne Bezugnahme auf gesellschaftliche Bedeutungen, Moden oder Gruppenidentitäten tun kann, denen bis zu einem gewissen Grad gefolgt wird, um einen Unterschied zu markieren; oder dass, wer sein individuelles Profil durch Konsum schärfen möchte, in aller Regel auf Produkte zurückgreifen muss, deren durch etwaige Modularisierungen gesteigerte Varianz dennoch so begrenzt bleibt, dass es mit ein wenig Abstand schlicht seltsam anmutet, dass derartige Produkte überhaupt zur Ausbildung individueller Identitäten taugen sollen. *Ein Golf bleibt ein Golf* – auch wenn zehn Farben, zehn Motoren und sechs Felgen zur freien Kombination verfügbar sind. Das Distinktion versprechende Tesla Model 3 ist – als diese Zeilen geschrieben werden – nur in fünf Lackierungen, mit zwei Felgenoptionen und einer einzigen Batterievariante zu haben. Diese Güter repräsentieren ein laues Versprechen von Freiheit, für das die Träger des »glücklichen Bewusstseins«[19] Monate ihrer Lebenszeit in Form kapitalistischer Lohnarbeit – strikte Leistungskontrolle, körperlicher Verschleiß und seelische Entfremdung womöglich inklusive – opfern müssen. Nach wie vor lässt sich daher gut behaupten, dass in den dominanten Weisen der Individualisierung eigentlich repressive Anpassung zum Ausdruck kommt.

Hinter falsch verstandener Freiheit stecken aus dieser Perspektive letztlich kulturindustrielle Verführungen. Konformismus wird in der Regel als struktureller Zwang beschrieben: Was bleibt den Leuten anderes übrig, wenn im einzigen Bus, der hält, der Kapitalismus am Steuer sitzt? Wenn die Realisierung wohlfahrtsstaatlicher Anrechte an detaillierte Prüfungen gebunden ist,[20] Politiker:innen Bürger als Konsumentinnen von Demokratie adressieren[21] und die mächtigsten technologischen Innovationen der letzten 50 Jahre genutzt werden, um Werbung und Onlineshopping als Mittel zur Realisierung von Lebenschancen anzubieten?[22] Emanzipationsorientierte Kritiken richten sich dann beispielsweise auf die Spannung zwischen einem Konformität erzwingenden Wohlfahrtsstaat – Bedürftigkeit muss entsprechend vorgegebener Kriterien nachgewiesen werden, Leistungsbezug erfolgt unter Legitimationszwang[23] – und dem Anspruch auf Absicherung, der doch gerade individuelle Spielräume eröffnen und bewahren soll. Sie kritisieren eine technokratische Politik, die Bürger:innen höchstens als Publikum akzeptiert,[24] verweisen auf deren Manipulation durch Überwachungstechnologien[25] oder protestieren gegen die Privatisierung öffentlicher Souveränität durch mächtige Unternehmen.[26] Solchen Analysen zufolge zerrütten institutionalisierte Anpassungszwänge die Chancen auf Emanzipation, sie bilden Vehikel der Unterdrückung. Eine kritische Soziologie, die einen subjektzentrierten Emanzipationsbegriff explizit oder implizit zum einzigen Leitmotiv der *guten* und zugleich *modernen* Gesellschaft macht, muss dem Begriff der Anpassung daher skeptisch gegenüberstehen. Anpassung ist für sie ein Thema gesellschaftlicher Herrschaft.

Zu modernen Soziologien dieser Linie gehört eine Interpretation der Ursachen von Adaptionsdruck, die ihren Zugriff auf Phänomene der Anpassung grundlegend prägt: Anders als in ursprünglicheren Gesellschaften, in denen die Natur den Menschen als etwas Äußeres gegenübertrat, sind die Zwänge in modernen Gesellschaften menschengemacht. Ein von bürgerlichen Eigentümern kontrolliertes und von politischen Akteuren befördertes Wirtschaftssystem erzeugt die Unfreiheit der Arbeiter. Die Herrschaftszusammenhänge im Staat basieren auf demokratisch kaum legitimierten Entscheidungen bürokratischer Funktionsträgerinnen. Was ich tagtäglich sehe, wird von Managern bei Google und Facebook bestimmt. Anpassung wird durch diese Zurechenbarkeit zu etwas, über das man verhandeln kann. Diese Auffassung setzt Empörungen, vor allem aber Ansprüche frei. Die Demokratisierung von Möglichkeiten der Selbstentfaltung ist denkbar. Als Konflikte um »Lebenschancen«[27] werden sie zu einem bestimmenden Thema der Moderne.

Kennzeichnend für die moderne Konstellation der Anpassung ist im Unterschied zur ursprünglichen also, dass erstens Gefährdungen als gesellschaftsimmanent und menschengemacht erkannt werden, dass sich zweitens die entscheidenden Konflikte um Chancen individueller Emanzipation drehen, während solche um Selbsterhaltung in den Hintergrund treten, und dass drittens nun Gesellschaft als zentrale Quelle von Anpassungsdruck imaginiert wird. Infolgedessen kann sich eine Kritik mit dem Leitmotiv individueller Emanzipation entfalten, deren Kernforderung die Demokratisierung von Selbstentfaltungsoptionen bildet. Individuelle Anpassung wird so als repressiver Zwang beschreibbar. Kollektiver Adaptionsdruck verschwindet hingegen aus der gesellschaftlichen Wahrnehmung, da Selbsterhaltungsfragen im Rahmen eines liberalen Gesellschaftsvertrags als gelöst gelten. Die Rückkehr kollektiver Selbsterhaltungsprobleme entspricht daher einer Wiederkehr von mit dem imaginierten Naturzustand verbundenen Fragen und stellt dementsprechend das Modell des modernen Gesellschaftsvertrags als Quelle politischer Legitimität systematisch infrage.

### *Von Selbstentfaltung zu Selbsterhaltung*

Im Zeichen des kulturellen Primats der Selbstentfaltung haben sich die Spielräume menschlicher Möglichkeiten in hoch entwickelten und offenen Gesellschaften gerade in der zweiten Hälfte des 20. Jahrhunderts in beispielloser Weise erweitert. Gleichberechtigungserfolge von Frauen sind ebenso Teil dieser Expansion wie die rechtliche und in steigendem Maße auch gesellschaftliche Anerkennung verschiedener sexueller, ethnischer oder kultureller Minderheiten. Selbst wo nichtintendierte Selbstgefährdungen bereits früh ins Zentrum der Gesellschaftsanalyse rückten, war mit Blick auf diese Freiheitsgewinne in der Folge noch ein positiver Zugriff auf das emanzipatorische Programm unverkennbar. So ging etwa Ulrich Beck in seiner Theorie einer zweiten, reflexiven Modernisierung von einem wachsenden Bewusstsein für gesellschaftlich produzierte Risiken aus, er bewertete die zeitgleich stattfindende Abschwächung institutioneller Bindungen aber als begrüßenswerten Freiheitsgewinn. Zwar hat Beck stets darauf hingewiesen, dass reflexive Modernisierung empirisch zahlreiche Optionen »gegenmoderner« »Lösungen« beinhalte, sich also durchaus gegen die Universalität moderner Werte richten könne. In einer Welt steigender Ressourcenkonflikte ist es beispielsweise keineswegs selbstverständlich, dass man sich auf menschenwürdige Verteilungsweisen einigt. Der zynische oder chauvinistische Ausschluss der Bedürftigen vom Zugriff auf Nahrung, Sicherheit und Wohlstand bleibt als Handlungsoption der Mächtigen natürlich erhalten, wie man etwa am Konflikt um die Ausfuhrmöglichkeiten ukrainischen Getreides nach der russischen Invasion unmittelbar beobachten konnte. Dennoch lag Becks Hoffnung auf der risikoinduzierten Demokratisierung moderner Gesellschaften durch mündige, »subpolitisch« aktive Bürgerinnen, die mithilfe ihrer reflexiven Freiheit nicht nur weitere, letztlich positiv gedeutete Individualisierungsgewinne erzielen, sondern gerade dadurch auch zur Vervollkommnung der einfachen, ersten Moderne beitragen.[28] Neue soziale Bewegungen, Bürgerinitiativen und eine kosmopolitisch orientierte Bürgergesellschaft sollten als Ausdruck eines reflexiven Risikobewusstseins, das wie die nukleare Wolke von Tschernobyl keine nationalen Grenzen kennen könne, die Einhegung der Nebenfolgen in globaler Perspektive betreiben. Die Moderne werde durch diese zweite, reflexive Befähigung der Subjekte überhaupt erst komplettiert.

Heute hat diese Hoffnung viel von ihrer suggestiven Kraft verloren. Fast 40 Jahre nach dem Erscheinen von *Risikogesellschaft*[29] muss man konstatieren, dass die subpolitische »Demokratisierung der Demokratie«[30] die Zuspitzung gesellschaftlicher Risiken nicht hat verhindern können. Vielmehr wird das normative Leitmotiv der Emanzipation in seiner gesellschaftlich konkreten Form selbst als Problem für die reflexive Bearbeitung von Modernisierungsrisiken erkannt. In der kritischen Sozialforschung hat insbesondere Ingolfur Blühdorn auf dieses grundsätzliche Problem hingewiesen. In einer Logik der »Emanzipation zweiter Ordnung«[31] werde Befreiung von den Subjekten längst als Durchsetzung eines ausbeuterischen Weltverhältnisses interpretiert und verbissen verteidigt. Die »old critical orthodoxy«[32] der Soziologie, die an einem klassischen Verständnis der Emanzipation festhalte, habe schlicht den Bezug zu gesellschaftlich anschlussfähigen Konzepten von Freiheit verloren. Das »Gegenprojekt der Befreiung«[33] entwerfe diese nach wie vor moderne Kritik als eine Reaktion auf Entfremdung. Dabei entgehe den Kritikerinnen, dass Emanzipation von den Menschen selbst primär mit einer konsumzentrierten Lebensweise identifiziert werde.

So stellt sich die Rede von der Emanzipation des Subjekts, wie sie die Soziologien der Freiheit bis heute betreiben, für Blühdorn vor allem als akademischer und aktivistischer »Selbsterfahrungsdiskurs« dar,[34] der ausblende, dass »Markt und Konsum – und sei es beim Billig-Discounter – längst der wichtigste Ort und Modus der Selbstverwirklichung und Selbsterfahrung« geworden seien.[35] Das moderne Emanzipationsprogramm, so die Argumentation, sei für die reflexiven Subjekte der Spätmoderne gerade keine Motivation für schonende, nachhaltige und auf Wechselseitigkeit zielende Lebensweisen, sondern vielmehr ein Freibrief für rücksichtslose Selbstentfaltung. Wenn die Gesellschaftskritik die Emanzipation der Leute fordere, könnten diese darunter folglich kaum etwas anderes verstehen als die Legitimation ihrer expansiven Lebensweise. Letzten Endes stütze die Kritik dann sogar genau jene Ordnung, die sie vorgeblich ablehne. Die kritische Orthodoxie trage also unbeirrt zur Legitimierung des normativen Vorrechts individueller Selbstentfaltung bei, statt dieses infrage zu stellen: Der Golf muss fahren dürfen, auch wenn das Öl aus Putins Russland kommt.

Für die Soziologien der Freiheit bedeutet dies, dass sie selbst zum Opfer nichtintendierter Effekte der Emanzipation werden, dass sich ihr Programm in sein Gegenteil verkehrt. Unter dem Banner der Verwirklichung eines authentischen Selbst wird etwa individuelle Einzigartigkeit zugunsten der Betreiber der sozialen Medien online inszeniert, prämiert und denunziert, auch wenn deren toxisches Freiheitsversprechen für Millionen Teenager das Leiden am eigenen Körper bedeutet.[36] Die *Dialektik der Aufklärung* dekorativ auf dem Nachttisch drapiert, sucht das spätmoderne Subjekt im fahlen Licht seines Iphones ein günstiges Polyesterkostüm für die nächste Cosplay-Party, geliefert binnen einer Woche per Flugzeug aus China. Individualisierung und Emanzipation müssen in diesen Zusammenhängen als Treiber von Selbsterhaltungsproblemen verstanden werden – und damit als Quellen essenzieller Anpassungsfragen.

In jüngerer Vergangenheit sind vermeintliche (!) Selbsterhaltungsprobleme moderner Gesellschaften selbstredend in recht unterschiedlicher Weise als Begründungen sozialer Anpassungszwänge artikuliert worden. Insbesondere die seit den achtziger Jahren enge Verbindung eines von wirtschaftlichen, politischen und intellektuellen Eliten propagierten Anpassungsdrucks mit Fragen kapitalistischer Erneuerung nach dem Ende des keynesianischen Wohlfahrtskapitalismus – landläufig spricht man oft von der neoliberalen Wende – hat dazu beigetragen, dass die kritische Soziologie bis heute ihr äußerst skeptisches Verhältnis zu Fragen gesellschaftlicher Adaption beibehalten hat.[37] Mit der neoliberalen Rhetorik im Gedächtnis identifiziert sie Anpassungsfragen einstweilen vor allem mit den Entpolitisierungsstrategien des sprichwörtlich gewordenes TINA-Prinzips (»There is no alternative«, pflegte Margaret Thatcher bekanntlich zu sagen)[38] und damit im Sinne einer »Great Adaptation«[39] an den kapitalistischen Markt. Hinter dessen vermeintlicher Alternativlosigkeit versteckten sich, wie diese Kritik richtig bemerkt, keineswegs echte Überlebensimperative, sondern handfeste Gruppeninteressen. Die neoliberale Wende als Technokratie der Anpassung[40] habe dabei zentrale politische Entscheidungen zum Verhältnis von Gesellschaft und Kapitalismus immer stärker in postdemokratische Formate wie Expert:innengremien, Zentralbanken oder transnationale Organe der Rechtsdurchsetzung transferiert, während demokratische Verfahren einen primär simulativen Charakter erhalten hätten.[41] Dabei sei es aber im Kern um die Selbsterhaltung des Kapitalismus und nicht um jene Überlebensfragen gegangen, die das spätmoderne Bewusstsein der Gegenwart fesseln.

Vielmehr wurden gerade diese Selbsterhaltungsfragen unter dem Banner der Adaption an den Klimawandel bereits früh explizit für wirtschaftliche Interessen instrumentalisiert.[42] Im Gegensatz zur populären Erzählung, der zufolge Anpassung im Kontext des Klimawandels erst in jüngerer Vergangenheit und angesichts ausbleibender Erfolge bei dessen Abmilderung (Mitigation) zu einem starken politischen Programm geworden sei, zeigt etwa Romain Felli in seiner politökonomischen Analyse der Koevolution von Klimapolitik und neoliberaler Wende, dass Anpassung seit den siebziger Jahren die entscheidende Reaktion kapitalistischer Eliten auf die Entdeckung der menschengemachten Erwärmung gewesen ist.[43] So habe zunächst die Vorstellung dominiert, die Abmilderung des Klimawandels liege außerhalb gesellschaftlicher Kontrollmöglichkeiten, weshalb Anpassung die einzige Option sei. Im Laufe der siebziger Jahre habe sich dann aber zunehmend eine Perspektive auf wirtschaftliche Kosten-Nutzen-Rechnungen durchgesetzt, die den kapitalistischen Markt von einem Teil des Problems zur vermeintlichen Lösung umdefiniert habe. Federführend seien hierbei insbesondere Ökonomen wie Thomas Schelling, William Nordhaus, Mancur Olson, Jesse Asubel, Gary Yohe und Lester Lave gewesen. Ihre Antwort auf etwaige Initiativen der nachhaltigen staatlichen Steuerung der Ökonomie sei auf zwei Ebenen erfolgt:

> Erstens versuchten sie, das Klimaproblem zu relativieren und es mit anderen wirtschaftlichen Fragen vergleichbar zu machen: Indem man die Logik von Kosten-Nutzen-Analysen einführte, musste man es nicht als moralische Frage behandeln, sondern als eine Entscheidung über die effiziente Allokation von Ressourcen. Zweitens: Sobald die Klimapolitik unausweichlich geworden war, bemühten sich die Ökonomen darum, dass diese Politik so weit wie möglich

> mit dem Funktionieren des Marktes übereinstimmte. Aus diesen beiden Reaktionen ergab sich die Notwendigkeit, das Thema der Anpassung zu betonen.[44]

Die becksche Semantik einer Koevolution von Selbstentfaltungs- und Selbsterhaltungsfragen wird von solchen kapitalismuskritischen Befunden in zweierlei Hinsicht kontextualisiert. Zum einen unterstreichen sie, dass hinter der gesteigerten Virulenz von Selbsterhaltungsfragen eine spezifische kapitalistische Ökonomie steht. Zum anderen läuft diese Kapitalismuskritik der Anpassung aber, ebenso wie das becksche Programm und jenes der kritischen Orthodoxie, letztlich auf eine Sichtweise der adaptiven Gesellschaft hinaus, die dem modernen Primat der Selbstentfaltung treu bleibt – wenngleich mit deutlich unterschiedlichen normativen Rahmungen: Die Theorie reflexiver Modernisierung hofft auf die Einhegung von Selbsterhaltungsrisiken durch eine subpolitische Subjektivität, deren Reflexivitätsgewinne letztlich der Effekt erfolgreicher Individualisierung, also Selbstentfaltung sind. Die kapitalismuskritische Perspektive auf Adaption hingegen betrachtet die Beschränkung von Selbstentfaltungsfragen auf die Arena des Marktes als eigentliches Problem. Freiheit sucht sie jenseits des Kapitalismus. Wenn dieser Anpassung zu einem Imperativ erklärt, ist Adaption notwendigerweise Teil des Problems, nicht Teil der Lösung. In Form der Zentralität eines modernen Emanzipationsprogramms teilen demnach beide den normativen Horizont der von Blühdorn beschriebenen kritischen Orthodoxie.

Mir geht es an dieser Stelle nicht darum, eine normative Positionierung gegen die andere auszuspielen. Vielmehr gilt es zu betonen, dass die betreffenden Perspektiven die Gesellschaft *nicht* primär von ganz realen Selbsterhaltungsfragen her beschreiben. Vielmehr bleiben Individualisierungs- und damit Selbstentfaltungsperspektiven zentral – sei es als Retter in der Not (Beck), sei es als normativer Hintergrund der Kapitalismuskritik und der kritischen Orthodoxie. Selbstentfaltungsgewinne gelten angesichts zu existenziellen Bedrohungen gewordener Risiken[45] jeweils als begrüßenswert, während die nüchterne Betrachtung von Individualisierungsgewinnen diese tatsächlich eher als Triebfedern von Selbsterhaltungsproblemen erscheinen lässt.

Die für die ursprüngliche Theorie reflexiver Modernisierung konstitutive Risikologik, Ausdruck spätmoderner Selbsterhaltungsmotive, lässt sich freilich sehr wohl auch in den Linien der kritischen Soziologie selbst rekonstruieren, wobei sich dann drei grundsätzlich mit dem kapitalistischen Individualisierungsprogramm verknüpfte Felder von Selbsterhaltungsrisiken unterscheiden lassen. Erstens geht es um Probleme bei der Ermöglichung und Stabilisierung von Lebensführung im Kapitalismus, insbesondere in Verbindung mit Fragen sozialer Ungleichheit. In ökonomischer Hinsicht wird dabei seit geraumer Zeit eine säkulare Wachstums- und damit Stabilisierungskrise diagnostiziert, wobei diese Analyse keineswegs nur von kritischen politischen Ökonomen vertreten wird. Ging man noch Anfang der sechziger Jahre von einer nachhaltigen Stabilisierung des wirtschaftlichen Wachstums und davon aus, dass hoch entwickelte Ökonomien das Auf und Ab zyklischer Wirtschaftskrisen hinter sich gelassen hätten,[46] herrscht heute enorme Unsicherheit hinsichtlich der langfristigen Entwicklung des Kapitalismus: Als Reaktion auf die seit den siebziger Jahren anhaltende Stagnation des Wachstums geriet sukzessive die Finanzindustrie ins Zentrum kapitalistischer Erneuerungsversuche.[47] Um ihre Legitimität zu sichern, mussten Staaten bei sinkenden Wachstumsraten die Erwartungen ihrer Bürgerinnen an Versorgung, Absicherung und Infrastruktur erfüllen, die im Kontext des Nachkriegsbooms entstanden waren.[48] Dazu war Kapital nötig, das zu großen Teilen von der Finanzindustrie bereitgestellt wurde. Auch in der Wirtschaft suchte man verzweifelt nach Wegen, der Sklerotisierung des Kapitalismus mithilfe von Innovationen zu entkommen. Die Finanzindustrie selbst bot sich als entscheidender Ort für solche Erneuerungen an. In Form »innovativer« Investitionsprodukte versprach sie Profite, die in der eigentlichen Wirtschaft[49] nicht mehr zu holen waren.[50]

Der finanzialisierte Kapitalismus der Gegenwart lebt dabei bis auf Weiteres von der wirtschaftlichen und sozialen Substanz, denn er ist auf den Verbrauch von Zukunft ausgerichtet:[51] Da er das benötigte Wachstum immer schwerer über Effizienzgewinnen im Produktionsprozess und Erweiterungen der Verbrauchermärkte zu generieren vermag,[52] sind expandierende Schulden seit den siebziger Jahren zum zentralen Stabilisator seiner Reproduktion geworden.[53] Schulden beziehungsweise Kredite ermöglichen ganz grundsätzlich die Veräußerung von Kapital, das erst in der Zukunft erwirtschaftet werden muss. Je mehr Geld also geschöpft wird, desto mehr zukünftige Ressourcen können – die Stabilität des Geldwerts vorausgesetzt – bereits in der Gegenwart konsumiert werden. Diese Orientierung auf den Verbrauch von Zukunft ist nach und nach in weitere Teile der Ökonomie eingesickert. Insbesondere im kommerziellen Internet, dem wichtigsten Wachstumsfeld der letzten 20 Jahre, stellt er eine entscheidende Praxis dar.[54] Daraus resultiert jedoch die Gefahr akuter Krisen, denn Zweifel an der Profitabilität der Zukunft können unter den Bedingungen ökonomischer Volatilität schnell entstehen und den Investitionsfluss praktisch jederzeit zum Erliegen bringen.

Jenseits dieser permanenten Erhaltungskrise des ökonomischen Systems haben die Stabilisierungsbemühungen des Kapitalismus freilich auch zu einer Radikalisierung sozialer Ungleichheit und damit zur Verschärfung von Reproduktionsproblemen bei den Verlierern finanzkapitalistischer Krisen beigetragen. Haushalte mit geringem Vermögen haben beispielsweise durch die Immobilien- und Finanzkrise nach

2008 in den USA häufig ihren gesamten Besitz verloren, während wohlhabende Haushalte durch breiter gestreute Anlagen abgesichert waren.[55] Selbst wenn alle Einkommenssegmente Einbußen hinnehmen mussten, waren es die Topverdiener, die rasch wieder zu ihrem Vorkrisenniveau zurückfanden,[56] während die Bezieher:innen niedriger Einkommen häufig um ihre soziale Existenz fürchten mussten – ein Muster, das sich im Zuge der Covid-19-Pandemie wiederholt hat. In diesem Fall ist der Wohlstand der reichsten Milliardäre der Welt nach kurzzeitigen Rückgängen sogar gewachsen, während Millionen von Menschen unter die Armutsgrenze fielen.[57] Ohnehin sind die Gewinne des neuen Kapitalismus, auch jenseits akuter wirtschaftlicher Krisen, höchst ungleich verteilt. Trotz einer Reduzierung der sozialen Ungleichheit im Ländervergleich haben die Ärmsten der Welt wie auch die unteren Schichten in den reichen Ländern seit Ende der achtziger Jahre nichts gewonnen, während das reale Gesamtvermögen der »Hyperreichen« sich zwischen 1987 und 2013 verfünffachte.[58]

In den hoch entwickelten Ökonomien hat auch die aus den Stabilisierungsbemühungen des Kapitalismus resultierende Veränderung der Arbeitsmärkte zu einer weiteren Polarisierung der Sozialstruktur beigetragen, wie sich insbesondere an der tertiären und digitalen Transformation dieser Kapitalismen nachvollziehen lässt.[59] Zu den »fiktiven Waren« Arbeit, Boden und Kapital[60] gesellte sich in diesem Zusammenhang die Kategorie des Wissens als zentraler Treibstoff kapitalistischer Erneuerung. In der Folge veränderten sich Produktionsprozesse sowie Bildungs- und Arbeitsmärkte in einer Weise, die Subjektivität als zentrale Wertquelle erschloss und ins Zentrum der Restrukturierung rückte, wodurch insbesondere für hoch qualifizierte Beschäftigte neue Entfaltungsspielräume jenseits sklerotischer Bürokratien und industrieller Mühsal entstanden.

Mit diesem Aufstieg der »kognitiv-kulturellen« Ökonomie waren allerdings auch neue Ansprüche an die entsprechenden Subjekte verbunden.[61] Durch Bildungstitel verbürgte Expertise ist in den entsprechenden Tätigkeitsfeldern oft nur die halbe Miete. Gefragt sind vielmehr höchst subjektgebundene Kapazitäten wie Kreativität, soziale Kompetenz, intellektuelle Flexibilität und reflexive Nuancierungsfähigkeit. Eingelassen ist diese neue Art Profilbedürftigkeit in eine Kultur, die positive Emotionen und Erfolg nicht nur verspricht und prämiert, sondern nachdrücklich verlangt.[62] Ihr Leitbild ist ein »unternehmerisches Selbst«,[63] das für sich »Eigenverantwortung, Initiative, Flexibilität, Beweglichkeit« und Kreativität reklamiert, das aber zugleich einem »Zwang zur kreativen Selbstverwirklichung« unterliegt.[64] Man kann diese Konstellation im Anschluss an die Arbeiten von Luc Boltanski und Ève Chiapello als Erfolg einer insbesondere von der 68er-Bewegung formulierten Künstlerkritik verstehen, die sich gegen die kalte Sachlichkeit und Einheitskultur einer männlich dominierten »Gesellschaft des Allgemeinen«[65] richtete und als praktische Herrschaftskritik neue Wege der Selbstentfaltung einforderte. Gerade in Fragen der Gleichstellung von Männern und Frauen und in zunehmendem Maße auch von hetero- und homosexuellen Paaren oder Bevölkerungsteilen mit und ohne Migrationsgeschichte hat diese kulturelle Revolution Lebenschancen für riesige Teile der Gesellschaft freigesetzt, denen ein Aufstieg vorher institutionell verwehrt war.

Zugleich liegen die Ambivalenzen dieser Innovation und der Preis der betreffenden Emanzipationsgewinne offen zutage: In der Sozialstruktur beispielsweise haben sich im Zuge der Kulturalisierung und Kognitivierung des Kapitalismus neue Spaltungslinien aufgetan. Während akademisch gebildete, oft urbane Dienstklassen[66] aufstiegen, ist seit den achtziger Jahren ein wachsendes und politisch volatiles Dienstleistungsproletariat entstanden,[67] für das sinnorientierte Lebensführung[68] und die Stabilisierung des ohnehin niedrigen sozialen Status permanente Herausforderungen darstellen. Transformationsprofiteuren in den Metropolen stehen zudem »Globalisierungsverlierer« in den ehemaligen Zentren der Schwerindustrie gegenüber, die teils massive Statusverluste erlitten haben.[69] Die seit geraumer Zeit in der Soziologie thematisierte »Statuspanik« in Teilen der Mittelschichten wiederum ist nicht zuletzt eine Angst um die Fähigkeit, bestehende Modelle der Lebensführung zu erhalten.[70]

Die Selbstentfaltungsimperative des kognitiv-kulturellen Kapitalismus werden in diesem Zusammenhang auch als eigene Quelle spezifischer *subjektiver* Selbsterhaltungsprobleme diskutiert. Die dabei diagnostizierte Krise subjektiver Stabilität bildet das zweite Feld der in den Selbstwahrnehmungen der adaptiven Gesellschaft virulenten Bedrohungen gelingender Lebensführung. Hier geht es um die Schattenseiten des kulturellen Primats der Selbstentfaltung, wobei der Formwandel des Kapitalismus als Ausdruck und nicht als Ursprung des Aufstiegs der kulturellen Leitwerte Autonomie und Authentizität gilt. Diese subjektive Reproduktionskrise illustriert der Befund, dass sich im Laufe des 20. Jahrhunderts der Schwerpunkt der diagnostizierten psychischen Erkrankungen von neurotischen zu depressiven Syndromen verschoben hat.[71] Die Neurose ist eine »Krankheit der Schuld«, bei der Depression hingegen handelt es sich um »eine *Krankheit der Verantwortlichkeit*«.[72] »La fatigue d'être soi«, wie es bei Alain Ehrenberg heißt, also die typisch spätmoderne Erschöpfung durch die Bürde, ein einzigartiges Selbst sein zu müssen, bildet ihren Ursprung. Grundlage solcher Überforderungen des Individuums – die auch zur Erklärung der Virulenz von Burn-outs, also depressiver Erschöpfungssyndrome, herangezogen werden – seien häufig Enttäuschungserfahrungen, insbesondere wenn bestimmte Ansprüche nicht erfüllt werden können.[73] Aufgrund seiner fundamentalen Funktion für die Verteilung von Lebenschancen bildet der kapitalistische Markt einen privilegierten Ort der Erzeugung solcher Enttäuschungen. Gerade hier kollidieren kulturelle Werte mit gesellschaftlichen Strukturen: Die Einzelnen sollen immer erfolgreicher, einzigartiger, authentischer und kreativer sein. Gleichzeitig bietet die Marktgesellschaft nur wenige Herrschaftspositionen, verlangt nach wie vor die funktionale Einpassung in Institutionen und verdammt viele Menschen zu repetitiven Tätigkeiten ohne Besonderungswert. Das Projekt der individuellen Selbstentfaltung muss also häufig scheitern, und man darf es wohl als glückliche Errungenschaft verstehen, dass die Gesellschaft immer mehr verhältnismäßig eigenständige Arenen der Individualisierung im Angebot hat: Wer einer Arbeit mit geringem Selbstentfaltungswert nachgeht, kann so immerhin zugleich ein beliebter Fußballtrainer, eine begnadete Roller-Derby-Spielerin oder ein:e politische:r Aktivist:in mit Wiedererkennungswert sein.

Subjektive Probleme ergeben sich vor allem dann, wenn ein Ausweichen auf solche alternativen Felder schwierig wird. So wurden Burn-out-Syndrome nicht zufällig zunächst bei Menschen in sozialen Sorgeberufen beobachtet, die sich häufig stark mit den jeweiligen Tätigkeiten identifizieren, welche zugleich besonders viel Kraft absorbieren.[74] Diese Konstellation verhindert hier das erfolgreiche Ausweichen auf andere Felder der Selbstentfaltung. Elin Thunman erkennt vor allem in der Kombination von Authentizität und Altruismus, wie sie für Sorgeberufe typisch ist, eine Quelle möglicher Erwartungsenttäuschungen.[75] Das entsprechende Risiko habe sich angesichts des Wettbewerbs, der seit der Krise des Wohlfahrtskapitalismus auch in diese Bereiche eingezogen sei, zusätzlich verschärft. Kostendruck führt zu Arbeitsdruck und macht es unmöglich, Selbstwert aus der Anerkennung altruistischer Tätigkeiten durch Dritte zu schöpfen. Immer mehr Patienten müssen in der gleichen Zeit versorgt werden, persönliche Zuwendung entfällt. So entsteht das Gefühl, die eigenen Ansprüche nicht länger erfüllen zu können, und die Hoffnung auf Selbstentfaltung wird enttäuscht. Ihr Altruismus setzt die Sorgenden unter permanente Spannung und begünstigt ihre Selbstausbeutung bis zum Zusammenbruch, gefährdet also, in anderen Worten, ihre subjektive Selbsterhaltung.

Diese soziologischen Perspektiven auf aus Selbstentfaltungszumutungen resultierende Reproduktionsprobleme erinnern auffällig an ältere Theorien zum Phänomen der relativen Deprivation.[76] Auch in diesem Bereich der politischen Soziologie werden bestimmte negative Einstellungen, Zustände oder Handlungen durch die Erfahrung enttäuschter Erwartungen begründet. Die Leute glauben, gemessen an kulturell vermittelten Ansprüchen oder im Vergleich mit relevanten Anderen nicht das erhalten zu haben, was ihnen zusteht: Man grollt Geflüchteten, weil diese angeblich mehr vom Staat bekommen als man selbst, fühlt sich nach dem Klassentreffen schlecht, weil die ehemalige Mitschülerin als Leiterin einer Sparkassenfiliale ein Eigenheim in der Provinz besitzt, während man selbst sich als promovierte Biologin nie eine Wohnung in München wird leisten können, oder neidet dem Kommilitonen den Praktikumsplatz, den man doch selbst verdient hätte.

Während die Überforderung des Selbst in Form individueller Selbsterhaltungsprobleme erlebt wird, gilt der politischen Soziologie die relative Deprivation als entscheidende Quelle politischer Rebellion und einer grundsätzlichen Kritik bestehender gesellschaftlicher Verhältnisse[77] – insbesondere dann, wenn enttäuschte Erwartungen nicht mehr individualisiert erfahren, sondern als kollektive Phänomene identifiziert werden. Die Stabilisierungsprobleme liberaler Demokratien im Zeichen der populistischen Revolte[78] und die depressiven Erschöpfungen des authentischen Subjekts erscheinen, so betrachtet, als zwei Seiten einer gesellschaftlichen Medaille, deren gemeinsamen Nenner spätmoderne Überforderungen des Selbst bilden.

Jenseits ökonomisch-sozialer und subjektiver Stabilisierungsprobleme geht es drittens um Selbsterhaltungsprobleme im Bereich der Ökologie. Der Kapitalismus hat sich nach dem Ende des Kalten Krieges massiv ausgedehnt – über 50 Länder sind seit 1989 für den kapitalistischen Markt geöffnet worden.[79] Mit der Integration Osteuropas in die globale kapitalistische Ökonomie, dem Aufstieg Chinas zur »Werkbank der Welt« und durch den Aufbau immer komplexerer transnationaler Wertschöpfungsketten wurden neue Räume der Kapitalakkumulation erschlossen, während im Kontext dieser wirtschaftlichen Globalisierung natürliche Ressourcen in ungekanntem Ausmaß und mit dramatischen Konsequenzen der Vernutzung zugeführt wurden. Kapitalistische Entwicklung, in den Peripherien des Weltsystems von jeher extraktiv orientiert, bedeutete die Ausweitung einer ressourcenintensiven Wirtschafts- und Lebensweise in den entsprechenden Regionen: Die Masse abgebauter Ressourcen weltweit wuchs beispielsweise von 27 Milliarden Tonnen 1970 auf 92 Milliarden Tonnen im Jahr 2017 an – und mit ihr die globalen Treibhausgasemissionen.[80] Weil die weltweite Rohstoffnachfrage zunehmend von Regionen mit niedrigen und mittleren Einkommen gedeckt wird, kommt es zu einer Auslagerung von Umweltfolgen in diese Länder.[81] Der Ausbau landwirtschaftlicher Nutzflächen um insgesamt etwa 190 Millionen Hektar zwischen 1960 und 2019[82] fand im globalen Süden statt, während sie im globalen Norden sogar schrumpften.[83] Landwirtschaft war der primäre Treiber der Rodung von 420 Millionen Hektar Wald zwischen 1990 und 2020, hauptsächlich tropischer Wälder in Afrika und Südamerika, was im Kontext des Artensterbens dramatische Folgen für die Biosphäre hat.[84]

Auch die Veränderung der Wirtschaftsweise in den kapitalistischen Zentren hat die katastrophale ökologische Bilanz des globalen Kapitalismus nicht grundlegend verändert. Obwohl dort Anfang der Achtziger ein neuer Kapitalismus antrat, den schmutzigen

Hochofen durch den sauberen Computerarbeitsplatz, die Ausbeutung der Natur durch ihre touristische Entdeckung und die Welt der schweren Dinge durch jene der leichten Informationen zu ersetzen, hat diese Entwicklung keineswegs eine ökologische Regeneration jenseits der Zentren befördert. Der Konsum der distinktionsorientierten Mittelklassen hat sich in diesem Zusammenhang augenscheinlich kulturalisiert und verfeinert:[85] Noch nie waren, um das Beispiel noch einmal aufzugreifen, Autos in so starkem Ausmaß individualisierbar wie heute (auch wenn die oben genannten Variationen von Farben und Felgen aus der Sicht distinktionsorientierter Konsument:innen eher bescheiden wirken mögen). Offensichtlich ist dies jedoch nicht gleichbedeutend mit einer ressourcenschonenden Lebensweise. Denn zugleich zeichnet sich global bisher nirgendwo eine Trendwende bei der permanent zunehmenden Kraftfahrzeugnutzung ab: Auf allen Kontinenten ist die Zahl der Pkws in den letzten 15 Jahren gewachsen, weltweit hat sie sich Schätzungen zufolge seit 1976 alle 20 Jahre verdoppelt, und in Deutschland waren noch nie so viele Autos zugelassen wie 2021.[86]

Auch die vermeintlich ökologisch »leichten« Güter[87] und Selbstentfaltungstechnologien des digitalen Kulturkapitalismus haben sich in ökologischer Hinsicht bisher eher als Problemverschärfer entpuppt, da die entsprechenden technologischen Infrastrukturen große Mengen an Energie und Ressourcen verschlingen.[88] Insbesondere sogenannte Rebound-Effekte der digitalen Technologien schlagen hier zu Buche: Effizienzsteigerungen führen umgehend zu mehr Konsum und in der Folge zu höherem, nicht niedrigerem Ressourcenverbrauch.[89] Anstelle einer Reduktion der Vernutzung der natürlichen Umwelt hat sich diese schlicht höchst ungleich globalisiert. Die Hochöfen verschmutzen heute nicht mehr die Luft im Ruhrgebiet, dafür aber in Indien und China. Die Müllberge in Europa wachsen nur deswegen nicht in den Himmel, weil sie mit Dieselschiffen nach Asien geschickt, die ökologischen Kosten also schlicht »externalisiert« werden.[90]

Insbesondere aktuelle Klimadiskussionen verdeutlichen, wie sehr sich die Gegenwartsgesellschaft über die Konfrontation mit ökologischen Selbsterhaltungskrisen beschreibt. Die ökologischen Risiken der Gegenwart und Zukunft werden dabei in einem Ausmaß als außerhalb menschlicher Steuerungsfähigkeit liegend wahrgenommen, wie es in der bisherigen Selbstthematisierung der Moderne nicht vorgesehen war. Kaum etwas zeigt diesen Umstand so klar wie die Diskussion sogenannter Kipppunkte (*tipping points*). Kipppunkte bezeichnen Momente, in denen vertraute Umweltstabilitäten abrupt zusammenbrechen, weil sich negative Dynamiken als Effekt von Rückkopplungen massiv und unaufhaltsam beschleunigen. Die Erderwärmung führt etwa zum Auftauen von Permafrostboden in Sibirien, wodurch Methan freigesetzt wird, das dann seinerseits als Treibhausgas die Erwärmung so sehr beschleunigt, dass eine

Stabilisierung der Situation schlicht unmöglich wird.[91] Kipppunkte machen es, in anderen Worten, unmöglich, weiterhin mit linearen Entwicklungen zu kalkulieren und entsprechend zu planen. Sie implizieren einen Kontrollverlust, den weder die ursprüngliche Theorie der Risikogesellschaft, die noch auf subpolitische Problemmanager hoffte, noch ältere Theorien im Zeitalter der stetig drohenden nuklearen Katastrophe antizipierten, deren Ausbleiben oder Eintreten zumindest noch unter *jemandes* Kontrolle stand. Das spätmodern-reflexive Bewusstsein scheint in der Folge zunehmend das Vertrauen sowohl in die Selbstregulierungsfähigkeit der »äußeren Natur« als auch in ihre Kontrollier- oder Kalkulierbarkeit zu verlieren.

Aus diesem Verlust an Steuerungsfähigkeit wird in einigen Diagnosen ein spezifischer Begriff der Anpassung geschöpft, der sich in Erwartung des Zusammenbruchs weitgehend vom modernen Selbstentfaltungsprogramm entfernt hat und Selbsterhaltung zum Dreh- und Angelpunkt eines eigenen Weltentwurfs macht.[92] Große Aufmerksamkeit hat in diesem Zusammenhang etwa ein 2018 publizierter Aufsatz des britischen Sustainability-Leadership-Professors Jem Bendell erhalten. Bendell formuliert darin eine Heuristik »tiefer Anpassung« (*deep adaptation*) an einen als nichtlinear imaginierten Klimawandel. Der »außer Kontrolle geratene Klimawandel«[93] lasse ein Kippen zentraler Elemente des Erdsystems erwarten, als dessen Folgen »massive Hungersnöte, Krankheiten, Überschwemmungen, Sturmschäden, Zwangsmigration und Krieg« letztlich einen »unvermeidlichen kurzfristigen gesellschaftlichen Zusammenbruch« wahrscheinlich machten, auf den es sich vorzubereiten gelte. Hierfür schlägt Bendell vier R als Leitlinien adaptiver Praxis vor. So solle man sich auf die Förderung von *Resilienz* konzentrieren, wobei es hier im Kern um normative Priorisierungen gehe, da Resilienz sich vor allem auf die Frage beziehe, welche Normen, Werte und Praktiken Gesellschaften im Zuge fundamentaler adaptiver Transformationen beibehalten wollen. Dies werfe zweitens Fragen des Verzichts (*relinquishment*) auf, da spezifische Werte und Praktiken – etwa das Leben an Küsten, bestimmte Formen der industriellen Produktion sowie gewohnte Konsummöglichkeiten – aufgegeben werden müssten. Wiederherstellung (*restauration*) betreffe dagegen die Wiederentdeckung von Verhaltensmustern, die die industrielle Zivilisation aufgegeben oder vergessen habe, man denke an Renaturierung, saisonale Diäten oder gemeinschaftsbasierte Lebensweisen. Versöhnung (*reconciliation*) miteinander, aber auch mit der Unvermeidlichkeit des sozialen Kollapses bilde schließlich eine vierte Leitlinie tiefer Anpassung, bei der vor allem die subjektive Selbsterhaltung im Angesicht massiver Verlusterfahrungen im Mittelpunkt stehe.

Was auch immer man von der Stichhaltigkeit der von Bendell angeführten Argumente für die wahrscheinliche Unvermeidbarkeit eines Zusammenbruchs halten mag, für die Frage nach der adaptiven Gesellschaft verdeutlicht sein Konzept tiefer Anpassung jedenfalls, dass bestimmte Kritiken der Anpassung ins Leere laufen, wenn man Selbsterhaltungsfragen ernsthaft ins Zentrum der Betrachtung rückt. So ist die Kritik, Anpassung sei letztlich ein Vehikel kapitalistischer Erneuerung, auf das Konzept nicht anwendbar. Vielmehr scheint die Frage nach dem Kapitalismus fast zu klein, um von Bendell explizit adressiert zu werden. Die von ihm avisierte soziale Praxis hat zudem offenkundig nichts mehr mit jenen kapitalistischen Dynamiken zu tun, die ich oben als politökonomische Prozesse wirtschaftlicher Transformation rekonstruiert habe, und auch die Denunziation von Anpassung als Konformismus, wie wir sie als Grundhaltung der Soziologien der Freiheit erschlossen haben, wirkt zu klein im Kontext der von Bendell als Überlebensfragen adressierten Probleme. Selbstredend laufen seine Visionen der *Restauration* auch auf gemeinschaftsbasierte Wiedereinbettungen des Individuums und damit auf Sozialformen hinaus, die in der Soziologie mit höherem Konformitätsdruck assoziiert werden. Gleichwohl ist Anpassung hier keine primär repressive, sondern eine experimentelle und transformative Praxis, wie auch andere Befürworter solcher Strategien betonen.[94] Bendells Qualifizierung des gesellschaftlichen Zusammenbruchs bleibt aus soziologischer Sicht zwar hochgradig unbestimmt, da er den erwarteten Kollaps nur sehr ungenau beschreibt. Mal ist etwa die Rede von »Hunger, Zerstörung, Migration, Krankheit und Krieg«[95] als alles bestimmenden Determinanten des Übergangs zu Post-Kollaps-Gemeinschaften. Mal geht es um eine wirtschaftliche Implosion, was freilich »nicht unbedingt den vollständigen Zusammenbruch von Recht, Ordnung, Identität und Werten« bedeuten müsse.[96] Soziologisch liegen nicht nur Welten zwischen den möglichen Gesellschaften, die in solchen Beschreibungen impliziert sind. »Hunger, Zerstörung, Migration, Krankheit und Krieg«[97] kennzeichnen zudem bereits in der Gegenwart das Dasein von Millionen Menschen, und der Zusammenbruch des Kapitalismus bei Erhalt basaler gesellschaftlicher Strukturen ist wohl auch in einer Welt ohne starke Linke für viele eher eine positive Vision als ein Schreckgespenst. Deutlich wird aber durchaus, dass Bendells Erwartungen auf eine katastrophisch induzierte Transformation der industriellen, kapitalistischen und selbstentfaltungszentrierten Zivilisation hinauslaufen.

Über die radikale Betonung von Selbsterhaltungsfragen, wie sie etwa Bendell exemplifiziert, können wir eine Deutung der Gegenwart rekonstruieren, die einen eigenen Begriff der Anpassung ins Zentrum der Gesellschaftsanalyse rückt. In der so anvisierten Praxis fallen individuelle und kollektive Anpassung – ähnlich wie in der eingangs für ursprüngliche Gesellschaften beschriebenen Konstellation – zusammen, weil Adaption als Lebensführung mit eigenen Sinnbezügen, zugleich aber auch als notwendige kollektive Transformation imaginiert wird. Interpretiert die Gesellschaftsbeobachtung diese Visionen adaptiver Praxis als Ausdruck eines spätmodernen Bewusstseins, welches die Gesellschaft immer stärker als von Selbsterhaltungsfragen statt von Selbstentfaltungsmöglichkeiten her bestimmt versteht, erkennt man zudem eine Umstellung von individuellen Geltungsansprüchen auf kollektive Transformationen. Dabei steht die adaptive Gesellschaft offenbar nicht nur für neue Zumutungen. Vielmehr deuten sich auch unerwartete Entlastungen an: Denn mit der Ablösung des Primats individueller Emanzipation können kapitalistische Verwertungsimperative, subjektive Selbstverwirklichungsüberforderungen und ökologisches Schuldbewusstsein in den Hintergrund treten. Gleichzeitig erzeugt das Primat der Selbsterhaltung eigene Probleme der Sinnerschließung, denn mit dem Fokus auf Anpassung gerät nicht nur der Begriff der Emanzipation ins Wanken. Auch Fortschritt wird als gesellschaftliches Projekt aufgegeben.

## 3. Die Ent-Täuschung der Moderne

> Insofern ließe sich sagen, der Fortschritt ereigne sich dort, wo er endet.
>
> *Theodor W. Adorno (1969)*[1]

Die im letzten Kapitel vorgestellte Analyse erschließt Anpassung als zentrales Element der Selbstwahrnehmung der spätmodernen Gesellschaft, insbesondere wenn deren Imaginationen sich auf die Zukunft richten. Aufgerufen ist hiermit offenbar nicht nur eine Kritik subjektzentrierter Emanzipation als normativem Leitmotiv. Vielmehr haben wir es mit einem spezifischen Zeitverhältnis zu tun, das die Sinnbezüge adaptiver Lebensführung stiftet und sich deutlich von jenem der klassischen Moderne unterscheidet. Dieses war im Kern geprägt von einer Umstellung der dominanten Orientierung von der religiös verbürgten Ewigkeit und einer stabilen, sich im Zyklus der Jahreszeiten letztlich wiederholenden Gegenwart auf eine gesellschaftlich zu schaffende Zukunft. Diese Zukunft glich, zumindest in der liberalen Vorstellung, im Grunde einem weißen Blatt Papier, das vom modernen Subjekt nach Belieben beschrieben werden konnte – und auch sollte. Erfahrungen erfolgreicher Naturbeherrschung, aufgeladen mit einer wirkmächtigen Idee der Perfektionierbarkeit der Gesellschaft, konstituierten Erwartungen stetiger Zugewinne in den Feldern von Wissenschaft und Technik, Kunst, Philosophie, Moral und Gesellschaft, aber auch hinsichtlich der allgemeinen Entwicklung der Menschheit sowie der sozialen Schichtung und lieferten so eine Motivationsgrundlage gesellschaftlicher Sinnbildung.[2] Die Veränderung der Gesellschaft zum Besseren beschwörend, wurde Fortschritt ab dem 18. Jahrhundert zu einem »quasi religiösen Hoffnungsbegriff«.[3] Die Kombination von Vervollkommnungsidealen mit real erfahrbaren Modernisierungserfolgen machten ihn dabei »utopisch und erfahrungsgesättigt zugleich«.[4] Die Idee des Fortschritts lieferte den betreffenden Akteur:innen Handlungsanreize in der Gegenwart, die aus einem positiven Verhältnis zu einer grundsätzlich als formbar betrachteten Zukunft gewonnen wurden. So wurde Fortschritt zum Leitbegriff des modernen Zeitverhältnisses.

Die Soziologie rekonstruiert diese Entwicklung bis heute nicht nur beobachtend. Als genuin moderner Disziplin ist ihr – etwa im Emanzipationsprogramm der Soziologien der Freiheit – noch in der Gegenwart oft »eine zumindest implizite Fortschrittsorientierung« zu eigen.[5] Empirisch vermisst sie realisierte oder ausbleibende Verbesserungen gesellschaftlicher Verhältnisse, indem sie beispielsweise soziale Ungleichheiten, Diskriminierungen oder andere Benachteiligungen untersucht, deren Verschärfung dann als Rückfall hinter bereits errungene Standards kritisiert wird; oder sie fahndet in sozialen Klassen und Protestbewegungen nach emergierenden Trägern des

Fortschritts. Auf theoretischer Ebene reflektiert gerade die sich als kritisch verstehende Gesellschaftsbeobachtung zudem Gefährdungen erreichter Fortschritte und die Möglichkeiten soziologischer Kritik, Freiheitsgewinne auch gegen den etwaigen Zeitgeist vorstellbar zu machen. Sogar in der gesellschaftswissenschaftlichen Dystopie, einem äußerst beliebten Genre der kritischen Soziologie, bleibt sie dem Programm des Fortschritts treu, denn Verluste und Rückfälle sind nur vor dem Hintergrund enttäuschter Erwartungen in der Lage, jene Empörung zu erzeugen, von der sich diese Strömung nährt. Eine so situierte Soziologie kann bei der Gesellschaftsanalyse kaum über moderne Deutungsschemata hinausgelangen, denn ihre Geschichten des Niedergangs bieten »keinen Rest, keinen Überschuss, nichts, das dem Fortschritt entrinnen würde«.[6] Wie die Emanzipation gibt er noch den Erzählungen vom Ruin ihre Struktur und Richtung.

Für die kritische Analyse bleibt diese Haltung dennoch attraktiv. Ohne eine Idee des Fortschritts droht ihre Kritik ins Leere zu laufen, weil sie ihren Zielpunkt verliert. So wird an einer Konstruktion festgehalten, die der eigenen Haltung letztlich eine gesellschaftsdynamisierende Funktion zuspricht. Sie kann sich selbst als Agentin des Wandels interpretieren, glaubt sie doch Motivationen für eine Praxis zu stiften, die sich der Erschließung einer besseren Zukunft widmet. Will man die Soziologie nicht als völlig selbstreferentielles System verstehen, muss dabei unterstellt werden, dass die Gesellschaft responsiv gegenüber den diskutierten Ideen der gesellschaftlichen Perfektionierung ist. Das Publikum muss sich für das Stück interessieren, um von ihm inspiriert zu werden. Ist dies der Fall?

Zeitsoziologische Studien legen seit geraumer Zeit eher das Gegenteil nahe und verweisen auf einen zunehmenden Fortschrittsverzicht in der Gesellschaft, der gleichzeitig keineswegs alle sozial verfügbaren Sinnbezüge tilgt, obwohl gerade politisches Handeln nicht mehr vom Glauben an historischen Fortschritt motiviert ist. So hielt beispielsweise die Shell-Jugendstudie schon 1982 fest, dass die Mehrheit der befragten Jugendlichen (58 Prozent) eine düstere Zukunftsperspektive einnahm.[7] Auch der zuversichtlichere Teil der Jugend sah keine entscheidenden Verbesserungen am Horizont. Selbst von den vergleichsweise optimistischen Jugendlichen hielt zudem der Großteil Katastrophen für durchaus wahrscheinlich und rechnete mit dem Schlimmsten: Umweltzerstörung durch Technik und Chemie, Rohstoffknappheit, Atomkrieg, Wirtschaftskrisen und Hungersnöten.[8] Gleichzeitig wurde festgestellt, dass jene Jugendlichen mit einem düsteren Zukunftsbild trotz des Pessimismus mehr Bereitschaft als ihre Altersgenossen zeigten, sich politisch einzubringen und Widerstand zu leisten. Die Urheber der Studie interpretierten ihre Befunde seinerzeit so, dass in den »Zielen und Politikformen der heutigen Protestbewegung ein Verzicht« stecke, der vor allem als Entsagung einer Fortschrittsperspektive in Bezug auf die Zukunft der Gesellschaft erfasst werden müsse:

> [Die Jugendlichen] formulieren und betreiben ihre Politik eher wie eine Feuerwehr-Mannschaft, die weiß oder ahnt, daß das Feuer auf absehbare Zeit nicht mehr gelöscht werden kann. Man kann es hier eindämmen, dort einen Graben ziehen, woanders jemanden retten. Aber auf lange Zeit wird es brennen, das ist sicher. [...] Dennoch handeln sie, und zwar ohne die Hoffnung auf eine grundlegende Änderung der politischen und wirtschaftlichen Entwicklung, ohne Hoffnung, durch Mehrheitsbildung oder Revolution das Steuer ganz herumreißen zu können. *Dieses Verhältnis von praktischem Optimismus angesichts einer als fast aussichtslos gesehenen Zukunft unterscheidet die neuen Protestbewegungen stark von denen vor einem Jahrzehnt.*[9]

Schon 1981 waren die politischen Avantgarden der Jugend, wenn man so will, also nicht mehr modern, hatten den Gedanken einer frei gestaltbaren Zukunft aufgegeben und ihr politisches Engagement an dieser Wahrnehmung ausgerichtet. Die zitierte Passage verdeutlicht, dass dies weder zu einem dystopisch motivierten Aufbäumen führte noch zwangsläufig Handlungsblockaden konstituierte. Sichtbar wird vor dem Hintergrund des Fortschrittsverzichts vielmehr ein Zeitverhältnis, das von der modernen Leitorientierung auf die Zukunft auf eine Sinnorientierung umstellte, in der es um die Verlängerung der Gegenwart geht. *Sie* bildete die entscheidende Referenz einer politischen Praxis, der weniger die freie, expressive Gestaltung als vielmehr die Gewährleistung von Zukunft zum Thema geworden war. Statt darum, die Zukunft zu erobern, geht es im Zeichen des Motivs der Selbsterhaltung seither immer stärker darum, *die Gegenwart überhaupt zukunftsfähig zu machen.*

Wenngleich die politische Aktivität von Jugendlichen durchaus Konjunkturen unterworfen ist, hat sich der Eindruck einer solchen Gegenwartsorientierung im Zeitverlauf verstärkt. So wird die Jugend in den Shell-Studien ab 2002 als »pragmatische Generation« beschrieben, die trotz beziehungsweise wegen der Wahrnehmung von Unsicherheit hinsichtlich ihrer Zukunft auf dem schwierigen Arbeits- und Ausbildungsmarkt den Fokus auf die Gegenwart legt.[10] Ihre Utopien greifen kaum über diese hinaus, stattdessen äußern sie den Wunsch nach Erwartungsstabilität. Die Zukunft soll nicht erobert, sondern die Gegenwart verlängert werden: Gut wäre es, wenn das meiste so bliebe wie gehabt. Hoffnungen auf privates Glück spielen eine große Rolle, individuelle Aufstiegsmöglichkeiten, persönliche Beziehungen und die Wertschätzung der eigenen Leistung stellen wichtigere Referenzrahmen für die eigene Lebensführung dar als gesellschaftlicher Wandel.

Die entsprechende These der zunehmenden Politikabstinenz der Jugend, die die Autoren seinerzeit festhielten, wird erst in der Studie von 2015 brüchig:[11] Nicht nur das Interesse an Politik steigt, auch die Sicht auf die Zukunft wird wieder mehrheitlich positiv. Dieser Trend bestätigte sich in der letzten Shell-Studie von 2019, in der 52 Prozent der Befragten angaben, der gesellschaftlichen Zukunft optimistisch entgegenzusehen, und 58 Prozent für sich persönlich primär Gutes erwarteten.[12] Allerdings äußerte ein zunehmender Teil der Jugendlichen auch Sorgen hinsichtlich des Klimawandels und seiner Folgen für die Gesellschaft von morgen. Die Leitthemen der politischen Avantgarden der betreffenden Jahrgänge, die wohl vor allem von der neuen Klimabewegung (Fridays for Future) öffentlich artikuliert werden, sind also auch an den repräsentativen Daten durchaus ablesbar.

Tatsächlich scheint sich die Jugend angesichts von Klimaproblemen und Ökologie wieder mehr mit gesellschaftlichen Zukunftsfragen zu befassen.[13] Gleichwohl bleibt der Verzicht auf das Deutungsmuster Fortschritt vor dem Hintergrund eines primär auf Bestandsschutz zielenden Verhältnisses zur kommenden Zeit erhalten: Statt eines emphatischen Zugriffs auf die Zukunft sind die Sicherung der individuellen Lebensverhältnisse und das Verhindern katastrophaler Zustände für das politische Handeln der Jugendlichen zentral. Dabei hat entlang der Ökologiefrage im Vergleich zur noch allzu pragmatischen und auf das Private zurückgezogenen Jugend der frühen nuller Jahre ein Wandel stattgefunden: Für die Jugendlichen von heute ist Gesellschaft wieder ein Ort, der kollektiver Gestaltung bedarf. Ähnlich wie 1981 wird das politische Handeln nicht von Fortschrittsutopien geleitet. Die Jugendlichen akzeptieren vielmehr reale Dystopien, so dass die Zukunftsfähigkeit der Gegenwart ins Zentrum rückt, wobei die Sicherung individueller Lebenschancen als Frage kollektiver Praxis thematisiert wird.

Statt es als Aufgabe der Gesellschaftskritik zu interpretieren, dem alten Narrativ vom Fortschritt und der offenen Zukunft im Angesicht dieser Befunde den Rücken zu stärken, legt eine nüchterne Betrachtung zunächst einmal die Feststellung nahe, dass wir es mit einem verstärkten Risikobewusstsein zu tun haben, dem das Versprechen einer goldenen Zukunft schlicht (und zu Recht) unplausibel erscheinen muss. Die Emergenz von Selbsterhaltungsfragen in der gesellschaftlichen Selbstthematisierung ist der Ursprung des beobachteten Fortschrittsverzichts.

Der Fortschrittsbegriff des 19. Jahrhunderts trägt selbstredend schon lange nicht mehr, und es wäre dementsprechend verfehlt, dies als im Zeichen der Anpassung entscheidende Veränderung zu klassifizieren. Allerdings hielt auch die spätmoderne Gesellschaft immer noch an einem positiven Zukunftsbezug fest, der Sinnhorizonte für die Lebensführung in der Gegenwart im Angebot hatte. Die materiale Basis *dieses* Fortschrittsbezugs war ein noch nicht nachhaltig erschüttertes Vertrauen in Umweltstabilität und damit ein Luxus, den sich heute wohl immer weniger Menschen leisten wollen. Ihre Zeitbezüge sind dementsprechend als reflexive Zugriffe auf Zukunft zu verstehen, die im Kontext von Selbsterhaltungsfragen von einem Versprechen zu einer Bedrohung geworden ist – ein Prozess, der selbst einen

Effekt des zum Problem gewordenen Fortschritts darstellt. So verstand, wie bereits bemerkt, die Theorie reflexiver Modernisierung das Mitte der Achtziger beobachtete Krisenbewusstsein als einen Effekt realer Modernisierungs- bzw. Fortschrittsgewinne:[14] Nur aus institutionellen Zwängen zunehmend befreite Subjekte seien in der Lage, ein Bewusstsein für die Nebenfolgen und Externalitäten des Modernisierungsprozesses zu entwickeln. Diese reflexive Freiheit sei Effekt moderner Individualisierungsgewinne, hinter die zurückzutreten letztlich das Tor in autoritäre Gegenmodernen aufstoße.[15]

Aus dieser Perspektive sind in den beschriebenen Bewusstseinsformen also nicht falsche Vorstellungen am Werk, die man den Leuten mit einem renovierten Fortschrittsbegriff austreiben könnte, sondern ein Ringen mit dem Realitätsprinzip, das sich um Anpassung an reale Umweltbedingungen bemüht. Den Fortschritt zu predigen, geht demnach nicht nur am adressierten Publikum vorbei. Es kommt für die kritische Soziologie auch der Leugnung der eigenen Diagnosen gleich. Denn gerade die in ihren Krisenbeschreibungen synthetisierten Tatsachen – die ökonomisch-sozialen, subjektiven und ökologischen Stabilisierungsprobleme der Gegenwart –, an deren progressive Auflösung weder das Publikum noch die Soziologie selbst ernsthaft glauben, bieten plausible Ursachen des beobachteten Fortschrittsverzichts. Er steht für eine fundamentale Verschiebung in den sinnstiftenden Zeitbezügen der Menschen.

War für das moderne Zeitverhältnis die Umstellung von Ewigkeit auf Zukunft kennzeichnend, so ist es für die adaptive Gesellschaft jene von der Zukunft auf die Gegenwart.

Das Reflexivwerden der Subjekte bedingt demnach, so verstanden, ein erhöhtes Bewusstsein für die Krisenanfälligkeit der Gesellschaft im Zeichen einer Verschiebung, die wir als beginnende Ablösung eines Primats der Selbstentfaltung durch eines der Selbsterhaltung und damit als ein Thema der Anpassung erfasst haben.[16] Verständlich wird so auch die Ausbildung und Konjunktur neuer Leitbegriffe, die zwischen akademischem, politischem und öffentlichem Raum zentral für die Selbstbeschreibung der Gegenwartsgesellschaft geworden sind und ebenfalls deren Leitmotiv der Anpassung illustrieren. In diesem Kontext ist insbesondere der Begriff der *Resilienz* seit den neunziger Jahren zu einem entscheidenden Leitbild gesellschaftlicher Selbstentwürfe geworden. Sein Bedeutungsgehalt hat sich dabei über die Zeit verändert, während sich sein empirisches Anwendungsfeld stark erweiterte.

Entsprechend der ursprünglichen Bedeutung in der Werkstoffkunde wird mit Resilienz eine Flexibilität und Elastizität assoziiert,[17] die es den betreffenden Einheiten ermöglicht, im Anschluss an äußere Einwirkungen zu einem Ausgangszustand zurückzukehren. Schon hier ist Zukunft als Veränderung der jeweiligen Form also suspendiert, da es zunächst um die Rückkehr in einen temporär gefährdeten Status quo geht. In der Übertragung auf die Disziplinen der Psychologie und der Sozialökologie, die die heutige Popularität des Begriffs begründet, hat sich die Idee eines vermeintlichen Urzustands freilich als problematisch erwiesen. Mit der Transposition des ursprünglich werkstoffkundlichen Konzepts auf dynamische Einheiten wie Gruppen, Räume und Menschen geht es bei Resilienz heute daher primär um den Erhalt von Identitäten, sozioökologischen Gleichgewichten oder sozialer Stabilität. Doch auch hier entfaltet sich Resilienz keineswegs als emphatischer Zugriff auf Zukunft, sondern ist Ausdruck eines reflexiven Krisenbewusstseins.

In der Psychologie zielt die Resilienzforschung auf die Förderung individueller Ressourcen und Fähigkeiten, mit widrigen Lebensereignissen umzugehen. Resiliente Menschen gelten in diesem Zusammenhang als gegenüber nichtresilienten im Vorteil, da sie etwa ein geringeres Risiko haben, an einem ungünstigen sozioökonomischen Umfeld zu verzweifeln oder von traumatischen Erlebnissen aus der Bahn geworfen zu werden. Resiliente Individuen sollen demzufolge vielmehr in der Lage sein, sich von Erschütterungen zu erholen, an ihnen zu wachsen und so für zukünftige Stresssituationen noch anpassungsfähiger zu werden. Veränderung in die Zukunft hinein ist also möglich, wird allerdings stets als Reaktion auf Krisenmomente und als Vorbereitung auf weitere mögliche Stressfaktoren reflektiert.

Resilienz wird dabei als dynamischer und grundsätzlich positiv bewerteter Anpassungsprozess an ungünstige äußere Umstände beschrieben.[18] Diese normative Konnotation von Resilienz ist über die wissenschaftliche Psychologie in die breite Gesellschaft vorgedrungen und findet ihren Ausdruck in einer Vielzahl kommerzieller Beratungsanwendungen im Unternehmensbereich, einer florierenden Ratgeberliteratur, erfolgreichen Podcasts und individuell zugeschnittenen Coaching-Angeboten. Die Wahrnehmung einer spezifischen Krisenexponiertheit trägt dabei die Konjunkturen solcher Angebote und Maßnahmen. So spielte gerade auch während der Covid-19-Pandemie Resilienz, etwa im Diskurs um die Auswirkungen von Lockdowns auf die psychische Gesundheit, eine bedeutende Rolle.[19] Ihr Nimbus als Zielgröße persönlicher Entwicklung wurde dabei von psychologischen Studien gestützt, die nachwiesen, dass resiliente Menschen während der Lockdowns weniger stark beziehungsweise seltener unter Depressionen oder Angstzuständen litten als andere.[20]

In der Sozialökologie wiederum wird mit Resilienz die Komplexität und damit ein Stück weit auch die Unvorhersehbarkeit von Mensch-Umwelt-Interaktionen in den Blick genommen und der Begriff somit auf einer systemischen Ebene genutzt.[21] Erstmalig wurde das Konzept hier in den frühen Siebzigern verwendet, um die Stabilität von Ökosystemen in Reaktion auf Störungen zu erforschen, wobei Variabilität als neuer Maßstab für ökologische Modelle gesetzt wurde.[22] Auf diese Weise wurde es möglich, hoch komplexe Entwicklungen nachzuvollziehen, die Interaktionen auf verschiedenen zeitlichen und räumlichen Ebenen beinhalteten. Auch Menschen wurden in diesem Zusammenhang erstmals als auf die Ökosysteme einwirkende Agenten verstanden und berücksichtigt. Die Modelle selbst wurden hierdurch robuster, da sie Schwankungen miteinbezogen und sich langsam von Vorstellungen linearer Prozesse distanzierten. Dies führte zu einem entscheidenden Erkenntnisgewinn für die Erforschung realer Ökosysteme: Man verabschiedete sich von der Idee, die Entwicklung von Ökosystemen komplett vorhersagen und kontrollieren zu können. Stattdessen rechnete man nun mit nicht vorhersehbaren Reaktivitäten und Schwankungen der sozioökologischen Systeme, denen in der Folge die Fähigkeit zu Wandel und Anpassung zugeschrieben wurde. Seither kann als Ziel dieser Art von Forschung gelten, Entscheidungsträger zur Erhöhung der Resilienz sozioökologischer Systeme zu befähigen, um anthropogene Umweltfolgen bewältigbar zu machen – etwa indem Überschwemmungsgebiete außerhalb von Städten geschaffen werden, die diese bei hohen Pegelständen vor Überflutungen schützen, oder wenn bei Aufforstungsprojekten auf neue Baumarten gesetzt wird, von denen man sich eine höhere Widerstandsfähigkeit gegenüber erwarteten Klima- und Wetterverhältnissen erhofft. Wiederum wird dabei die Veränderung von

Einheiten in die Zukunft hinein als eine adaptive Reaktion auf Stabilitätskrisen erfasst. Die Sicherung des Fortbestands, also der Erhalt von Gegenwart, bildet die entscheidende Zielgröße resilienter Sozialökologien, während adaptive Transformationen der jeweiligen Einheiten für deren Selbsterhaltung zentral sind.

Auch die Soziologie hat, wenngleich deutlich später, Resilienz als wichtiges Beobachtungsphänomen identifiziert.[23] Vor allem im Bereich der Katastrophen- und Sicherheitsforschung avancierte der Begriff im Laufe der neunziger Jahre zu einem neuen Leitparadigma, das in unterschiedlichste nationale, supra- und transnationale Sicherheitspolitiken Einzug hielt.[24] Hier werden die systemische Perspektive der sozioökologischen sowie die individualisierte Perspektive der Psychologie vereint. Wie Stefan Kaufmann am Beispiel eines Rahmenkonzepts des Homeland Security Studies and Analysis Institute aufzeigt, verspricht Resilienz in diesem Zusammenhang zum einen die Absicherung öffentlicher Infrastrukturen gegen mögliche Unterbrechungen.[25] Zum anderen kommt es dabei auch zu einer Responsabilisierung der Staatsbürger, die für die Gewährleistung sozialer Sicherheit in die Verantwortung genommen werden, indem sie beispielsweise zur Vorratshaltung bestimmter Güter aufgefordert werden. Resilienz steht also schon heute für Anpassungspraktiken, die in bestimmten Bereichen auf jener Kombination individueller und kollektiver Anstrengungen basieren, die wir als

Kennzeichen einer denkbaren adaptiven Reaktion auf die Krise der Gegenwart ausgemacht haben.

Eine wichtige Unterscheidung, die aus soziologischer Perspektive das Spektrum resilienter Praktiken zu erschließen hilft, hat Wolfgang Bonß in die Diskussion eingeführt. Während »einfache« Resilienz ihm zufolge die konkrete Reaktivität in Folge eines vergangenen Ereignisses bezeichnet, erfasst er mit dem Begriff der »reflexiven Resilienz« Praktiken, die bereits in Antizipation kommender Ereignisse Ressourcen präventiv mobilisieren.[26] Im Rahmen des Klimawandels sticht insbesondere mit *Mitigation* eine solche Praxis reflexiver Resilienz hervor. Mitigation lässt sich am ehesten mit »Abmilderung« übersetzen. Dabei geht es um die Ausbildung oder Stärkung von Institutionen, Strategien oder Praktiken, die die Folgen einer bestimmten Entwicklung abfedern sollen. Einen Wald am Rande einer sich ausbreitenden Wüste zu pflanzen, soll beispielsweise das Wachstum dieser Wüste (*desertification*) und den entsprechenden Verlust an Ackerland begrenzen. Doch der Begriff lässt sich auch auf nichtklimabezogene Politiken anwenden: Von Sozialarbeiter:innen begleitete mobile Impfteams in benachteiligte Stadtquartiere mit hoher Inzidenz zu schicken, mitigiert die weitere Ausbreitung des entsprechenden Virus, Bewerbungen ohne Foto und Namen nehmen mögliche Faktoren struktureller Diskriminierung präventiv aus dem Spiel.

Mitigation als eine Praxis reflexiver Resilienz zu

beschreiben und damit unter dem Dach der Anpassungspraktiken zusammenzuführen, kann leicht zu Missverständnissen verführen, denn gerade in klimapolitischen Diskussionen wurden beide Konzepte häufig – und wie bereits bemerkt: irreführend – zu politischen Antipoden stilisiert und gegeneinander in Stellung gebracht: Während Politiken der Mitigation zugestanden wurde, sich mit den Ursachen des Klimawandels zu befassen – etwa durch den Ausbau neuer Mobilitäts- und Energiesysteme den $CO_2$-Ausstoß zu verringern oder durch Aufforstung mehr Kohlenstoff zu binden –, wurde Adaption als ein Programm des reinen Copings mit dessen Effekten behandelt, das sich mit einer noch veränderbaren Tragödie bereits arrangiert habe und daher nicht geeignet sei, dem erwarteten Temperaturanstieg etwas entgegenzusetzen. Zu früh von Adaption zu sprechen, so etwaige Befürchtungen, könne notwendige Mitigationsbemühungen unterminieren und in der Folge die Situation noch verschlimmern. Im politischen Raum scheint diese Kontroverse zunehmend der Vergangenheit anzugehören, was man letztlich wohl auf empirische Erkenntnisse der Klimaforschung zurückführen darf, die immer deutlicher werden lassen, dass im Rahmen realistischer Szenarien selbst bei umfassenden und erfolgreichen Mitigationsbemühungen massive Anpassungen der gesellschaftlichen Lebensweise zu erwarten sind, nicht nur, weil Umweltkatastrophen und ihre Folgen trotzdem massiven Druck auf Gesellschaften ausüben werden, sondern auch, weil die notwendigen Mitigationspraktiken selbst kaum ohne massive Interventionen in die dominanten Formen der Lebensführung auskommen und dort sozialen Anpassungsdruck erzeugen – etwa wenn das Auto unerschwinglich und die Energie teurer oder wenn die Aufforstung anderen Nutzungsinteressen der jeweiligen Gebiete entgegensteht.[27]

Soziologisch betrachtet, geht es freilich ohnehin um etwas anderes: Bei reflexiver Resilienz handelt es sich um Praktiken der Vorsorge, die ihrer Logik nach das wiederholte Aufkommen und das Andauern von Krisendynamiken bereits akzeptieren und vor allem bemüht sind, Schlimmeres zu verhindern, statt die Uhr zurückzudrehen oder die Verhältnisse grundlegend zu verändern: Der Wüste selbst wird kein Land mehr abgerungen, aus dem benachteiligten Stadtquartier wird durch Mitigation kein Mittelschichtvorort, und die Strukturierung von Bewerbungsunterlagen lässt den Rassismus nicht verschwinden. Zwar befasst sich Mitigation also mit den Ursachen jener Entwicklungen, die abgemildert werden sollen. Sie geht jedoch nicht davon aus, Krisen wirklich verhindern zu können, und bringt so – wie die Praktiken einfacher Resilienz, aber auf dennoch eigene Weise – die beschriebene Verschiebung moderner Zeiterwartungen zum Ausdruck. Denn eingepreist ist in die Praktiken reflexiver Resilienz tatsächlich die Akzeptanz einer gewissen Irreversibilität der jeweiligen Entwicklungen. Wären die betreffenden Phänomene wirklich abwendbar, müsste man sie schließlich nicht abmildern, sondern schlicht verhindern. Moderne Verfügbarkeits- und Gestaltungsansprüche sind hier folglich weitgehend aufgegeben: Nicht alles lässt sich zurückdrehen, mit manchem muss man leben, auch wenn man noch Einfluss darauf hat, wie stark die jeweiligen Folgen sein werden. Die Zukunft ist hier, wie im Kontext einfacher Resilienz, kein weißes Blatt Papier mehr, welches das moderne Subjekt nach Gutdünken beschreiben kann. Sie ist eigendynamisch, prekär, außerhalb präziser Steuerungsmöglichkeiten. Gleichwohl wird zukunftsorientiertes Handeln keineswegs verunmöglicht. Es dominiert vielmehr der Versuch, die Gegenwart durch einen adaptiven Zugriff auf die Zukunft zu stabilisieren und zu verlängern.

Mitigation erschließt also Zukunft, aber eben keineswegs nach einer Logik des Fortschritts. Vielmehr geht es auch hier darum, Gegenwart zu gewinnen, indem man Schlimmeres verhindert. So offenbart sich reflexive Resilienz zwar als ein keineswegs entmodernisierter Begriff: Denn als Praxis zielt Mitigation auf die Gewährleistung von Gegenwart auf der Basis gelingender Risikokalkulationen und entsprechender Handlungen. Die Suggestion des Begriffs lautet, dass bei ausreichender Vorsorge und präziser Risikoberechnung zumindest eine gewisse Erwartungsstabilität hinsichtlich natürlicher und gesellschaftlicher Umwelten hergestellt werden kann. Mitigation dient insofern dem kalkulatorischen Management von Unsicherheit. Das moderne Motiv der Beherrschbarkeit von Risiken ist hier also nach wie vor als Ziel hinterlegt. In der Folge lässt sich gerade in der globalen Klimapolitik die Verwissenschaftlichung von Unsicherheit im Kontext von Mitigationsstrategien beobachten. Schon die landläufige Formulierung, das Zwei-Grad-Ziel sei jenes, bei dem die jeweiligen Entwicklungen noch »beherrschbar« seien, weist den Weg: Mitigation verspricht, auf der Basis immer komplexerer Risikokalkulationen, basale Erwartungssicherheiten bezüglich der Zukunft durch ein wirkmächtiges Initiativhandeln herzustellen. Allerdings steckt in der Vorsorgefunktion, die der Mitigationspraxis anhaftet, per definitionem eine stärkere Orientierung an einem gegenwärtigen Status quo als an einer nach Gesichtspunkten des Fortschritts gestaltbaren Zukunft. Von der Anpassung her wird gedacht: Es gilt, eine Erosion zu verhindern und die positiven Facetten der Gegenwart zu bewahren. Das Handeln richtet sich dementsprechend stärker an normativen Bewertungen der Gegenwart als an modernen Versprechungen der Zukunft aus. Das entsprechende Subjekt ist demnach keines, das Letztere erobert. Durch resiliente Praktiken der Selbsterhaltung erschließt es sich jedoch zumindest Restspielräume der Selbstentfaltung, die andernfalls verloren wären. Mitigation kann somit als ein Brückenkonzept im Sinne einer graduellen Radikalisierung von Anpassungssemantiken gelten.

Die kritische Soziologie der Gegenwart deutet die beschriebenen Konstellationen des einfachen und reflexiven Fortschrittsverzichts freilich keineswegs als Realitätsgewinne. Sie schwankt in ihren an den klassischen Soziologien der Freiheit geschulten Zugriffen auf Resilienz vielmehr zwischen Ideologieverdacht und Trauerarbeit. Programme, die Anpassung predigen, verstellten demzufolge den Blick auf mögliche Alternativen, seien also im Grunde geistige Gefängnisse, die die Leute von echten, guten Formen der Emanzipation fernhielten. Unterstellt ist bei einer solchen Argumentation meist, dass Emanzipation die Individuen zu vernünftigen Entscheidungen befähige sowie dass Vorstellungen einer besseren Zukunft für die entsprechende Praxis wichtig seien – dass etwa, wer erst einmal von der Entfremdung geheilt ist, aus Einsicht nicht nur freiwillig auf sein SUV und den Urlaub in Übersee verzichtet, sondern zugleich eine ganz neue, bessere Lebensweise entwickelt. Die Absage der Anpassungsapologeten an einen modernen Fortschrittsbegriff wird folglich als Manko erfasst, das die betreffende Soziologie selbst nicht reproduzieren will. Diese Soziologie leugnet im Grunde genommen, dass sie sich zu Tode gesiegt hat. Denn schließlich sind es genau ihre komplexen und dramatischen Krisenbefunde, die die Gesellschaft Schritt für Schritt in immer größeren Abstand zum modernen Projekt des Fortschritts gebracht haben. Es war die Soziologie, die auf dieses gesellschaftliche Bewusstsein hingearbeitet hat. Wenn die entsprechenden Soziologien nun die von ihnen selbst induzierte Aufklärung kritisieren, dann klammern sie sich an eine überholte Normativität, statt die nächste Gesellschaft aus ihrem Abschied von der Moderne zu erschließen.

Der Effekt sind Zugriffe auf die betreffenden Phänomene, die mal impliziter, mal expliziter das moderne Programm des Fortschritts gegen die Reflexivität der Gesellschaft zu verteidigen suchen. Subjekttheoretische Analysen der Gegenwart beispielsweise nehmen die Relevanz resilienter Praktiken durchaus wahr, beäugen sie jedoch skeptisch. Sie entwickeln einen stellenweise geradezu denunziatorischen Blick auf Anpassung, der aus dem Programm der modernen Soziologien der Freiheit nur allzu vertraut ist. Methodisch dominiert hier die diskursanalytische Vogelperspektive, aus der weitreichende Thesen zur Umgestaltung zeitgenössischer Subjektivität formuliert werden. Den gemeinsamen Horizont von Deutungen des »resilienten Subjekts« bildet die Einordnung von Resilienz, Anpassung und Vulnerabilität als in der Biopolitik des Neoliberalismus verortete Konzepte.[28] Ihr Interesse richtet sich also vornehmlich auf die in Resilienzdiskursen transportierten Subjektivierungsanforderungen und die dahinter vermuteten Machtstrukturen und weniger auf die reflexiven Synthetisierungsleistungen der Akteure. In der Linie foucaultscher Biopolitik- und Gouvernementalitätsstudien stehen bei Analysen dieser Art nicht die erfahrbaren Auswirkungen resilienter Praktiken, sondern vielmehr die Subjektivierungsweisen im Fokus, durch welche diese Praktiken normalisiert und somit in die gesellschaftlichen Denk- und Handlungsstrukturen eingeprägt werden. Ihnen haftet die Absicht an, alltägliche Muster zu kritisieren, indem die dahinter liegenden, vermeintlich unsichtbaren Machtstrukturen aufgedeckt werden. Mindestens implizit weisen diese Theorien darauf hin, dass, um die Herrschaftsverhältnisse umzuwerfen, sich diese Subjektivierung – also der Prozess, in dem das Subjekt diese Verhältnisse verinnerlicht und von ihnen durchdrungen wird – ändern muss. In der so angerufenen Praxis verbirgt sich ihre Vorstellung von Emanzipation und Fortschritt.

Auf diese Weise nehmen beispielsweise die Politikwissenschaftler David Chandler und Julian Reid sowie die Soziolog:innen Ulrich Bröckling und Stefanie Graefe die Selbstregierungsmechanismen des resilienten Subjekts in den Blick. Erstere bringen den Begriff der Resilienz mit denen der Anpassung und Vulnerabilität in Zusammenhang und widmen sich der zeitgenössischen Psychopolitik sowie ihrer Wirkung im neoliberalen Regime.[29] Ihre These lautet, dass im Kontext des Resilienzdispositivs Sicherheit immer weniger als Aufgabe des Staates und stärker als zu meisternde Herausforderung für den/die Staatsbürger:in verstanden wird, wodurch externe Gefahren zu internen Bewältigungsaufgaben umgedeutet würden. Diese Responsabilisierung der Einzelnen bilde in hoch komplexen spätmodernen Gesellschaften vorgeblich den einzigen Weg, Anpassungsfähigkeit an Gefährdungen zu gewährleisten. Angerufen und befördert werde so ein subalternes Subjekt, welches nur vorgeblich souverän und selbstbestimmt handeln, sich tatsächlich aber durch Selbstaktualisierung an die Gefahren der Umwelt anpassen solle. Dies habe zur Folge, dass jede einzelne Entscheidung nach bestem Wissen und Gewissen gefällt und im Zweifel auch gerechtfertigt werden muss. Das resiliente Subjekt ist mit dieser Aufgabe allein und daher ständigen Selbsthinterfragungen, Interventionen oder Schuldzuweisungen ausgesetzt. Auf diese Weise sei es möglich, das Subjekt in seiner Intentionalität zu kontrollieren, was weit über die Möglichkeiten eines Rechtsstaates hinausgehe.

Im Nachhaltigkeitsdiskurs sehen Reid und Chandler einen Wegbereiter dieses traurigen resilienten Subjekts.[30] Dessen Betonung der biologischen Verfasstheit des Lebens projiziere ständige Bedrohungen, denen es ausgesetzt sei. Die auf diese Weise diskursiv hergestellten akuten Anpassungszwänge des Resilienzdiskurses wirkten passivierend und stabilisierten somit als Ideologien die bestehenden sozialen Machtverhältnisse. Die Anpassungsfähigkeit des resilienten Subjektes an die stets präsenten Gefahren stünde einem wirksamen politischen Handeln entgegen, das die Welt verändern könnte. Anpassung ist diesem Verständnis nach das Gegenteil von Transformation – eine Deutung, die freilich weit hinter den Resilienzdiskurs zurückfällt, der, wie beschrieben, Elastizität und Wandlungsfähigkeit als Bedingungen gelingender Anpassung begreift. Die beiden Politikwissenschaftler schließen daraus, dass es die Idee eines Subjektes zu fördern gelte, welches in der Lage sei, einen Zustand permanenter Sicherheit zu erreichen, ohne auf seine biologische Verletzlichkeit zurückgeworfen zu werden. Als Referenzpunkt dieser Enttarnung der Resilienzideologie fungiert offenbar eine Idee von Fortschritt, die in Aussicht stellt, was für reflexive Subjekte schlicht nicht zu haben ist: einen Zustand absoluter Sicherheit. Ein Subjekt, das sich in diesem Zustand wähnte, dürfte jedenfalls niemals mit soziologischer Krisenliteratur oder standardwissenschaftlichen Erkenntnissen zum Klimawandel in Berührung kommen.

Prominente kultursoziologische Deutungen aus Deutschland haben eine ähnliche Stoßrichtung, wenngleich sie sich weniger emphatisch einer naiven Ideologie der Sicherheit oder des Fortschritts hingeben. Ulrich Bröckling beispielsweise konstatiert, das Resilienzdispositiv rufe die Subjekte dazu auf, ihre Anpassungsfähigkeit an das Unvermeidbare und Unvorhersehbare quasi ins Unendliche zu steigern. Das resiliente Subjekt sei nie fertig damit, Krisen zu überstehen und deren Störungen zu absorbieren. Dementsprechend nehme es gegenüber positiven Zugriffen auf die Zukunft eine abwehrende Haltung ein. Es sei gefangen in der Bewaltigung der Gegenwart, ihm bliebe die Möglichkeit verwehrt, seine eigene Biografie sinnhaft zu strukturieren.

Eine ähnliche Diagnose liefert Bröckling in seiner Analyse der Bedeutungen von Resilienz für soziale Systeme. Diese seien ab einem gewissen Komplexitätsgrad davon abhängig, sich Gefahren auszusetzen, um weiter zu bestehen. Resilienzförderung bedeute in diesem Rahmen die Steigerung von Optionen hinsichtlich erwartbarer Bedrohungen, die gleichzeitig – so der logische Schluss – notwendig für die Entwicklung des Systems seien. Anpassung, so kann man die analytische Geste zusammenfassen, wird im Sprechen von der Resilienz in eine Chance umgedeutet. Zwar gesteht Bröckling zu, dass Resilienzförderungsprogramme im pädagogischen oder auch sozialökologischen Kontext durchaus sinnvolle Inhalte vermitteln könnten. Allerdings weist er darauf hin, dass sie eher ein gewisses Wirklichkeitsverständnis statt konkreter Handlungsanleitungen böten. Dieses rahme den negativen Beigeschmack präventiver Risikokalkulationen positiv und mache sie damit leichter verdaulich.

Bei anderen Autor:innen beginnt bereits die Trauerarbeit. Stefanie Graefe beispielsweise macht eine Analyse der gegenwärtigen Erschöpfung der Subjekte zum Ausgangspunkt für eine Kritik des Resilienzdiskurses. Sie fragt, welche Formen von Autonomie die Gouvernementalität der Resilienz womöglich fördere. In der Linie oben bereits vorgestellter Responsabilisierungsthesen konstatiert sie, statt eines emphatischen Begriffs der Autonomie würden durch Resilienzdispositive vornehmlich Praktiken der Selbstorganisation und Selbstregulation normativ gestärkt und praktisch konkretisiert. Es sei daher kein Zufall, dass Praktiken der Resilienz meist im Zusammenhang damit stehen, dass Kinder und Erwachsene ihre traumatischen Erfahrungen produktiv wenden und Krisen im Sinne eines Konzepts des posttraumatischen Wachstums zur persönlichen Weiterentwicklung nutzen sollen.[31] Die Autonomie der resilienten Subjekte bestünde demnach darin, eine positivere Perspektive auf Krisen und ihre Überwindbarkeit zu gewinnen, die Veränderungen zu akzeptieren und sich eigenen Zielen zuzuwenden. Das Glücksversprechen der Resilienz beinhaltet demnach die Vorstellung eines nicht aus der Bahn zu werfenden, zufriedenen und authentisch geführten Lebens. Graefe kritisiert, dieses Versprechen führe zu einer Pathologisierung alltäglicher Zustände, denen zuvor kein Krankheitswert zugeschrieben wurde.[32] Sie greift Bröcklings Sozialtypus des »unternehmerischen Selbst« auf, widerspricht jedoch der These, der *Homo resiliens* sei eine regressive Variante davon. Stattdessen sei das resiliente Individuum eine Form der Subjektivierung, die sich dadurch auszeichne, dass es der sorgenden Selbsterhaltung näherstehe als einer unternehmerischen Logik der Selbstentfaltung.[33] Sinnmaximierung trete an die Stelle von Nutzenmaximierung, flexible Weiterentwicklung an jene der linearen Steigerung. Treffend erkennt Graefe Resilienz daher als eine »Art Realitätskur«[34] für das unternehmerische Selbst, die dieses mit den Folgen des

Krisenkapitalismus konfrontiere – also letztlich als ein Reflexiv-Werden eines spätmodernen Fortschrittsbewusstseins.

Eine kritische Haltung zum gesellschaftlichen Status quo (im Stile der alten, modernen kritischen Orthodoxie) würde auf diese Weise von Resilienzdispositiven freilich verhindert, so Graefe. Sie warnt gar davor, Resilienz emanzipatorisch umzudeuten. Ebenso wie Bröckling betrachtet sie das resiliente Selbst als Virtuosen der Anpassung, der Gefahr läuft, sich in fiktiven Bedrohungsszenarien zu verlieren. Potenziell paranoide Antizipation trete an die Stelle fantasievoller Imagination. Statt für innige Familienidylle und innere Einkehr steht das Gartengrundstück vor der Stadt nun für die Möglichkeit der Selbstversorgung im Fall kollabierender Lieferketten. In der Stadt selbst lauern hinter der nächsten Ecke stets Überfälle und Amokfahrten, selten gute Überraschungen, niemals das Reich der Freiheit. Anstatt im Rahmen von Resilienzdispositiven in vorauseilendem Gehorsam Konformität und Stabilität zu praktizieren, so Graefes Schlussfolgerung, gelte es daher, sich eben nicht anzupassen und stattdessen die menschengemachten Verhältnisse anzugreifen, die die Krisenhaftigkeit der Gesellschaft befördern. Die Frage, ob es nicht gerade dazu starker, resilienter Subjekte bedürfte, lässt sich in der modernen Dichotomie von emanzipativem Fortschritt und adaptiver Stabilisierung kaum mehr stellen.

Politische Leitbegriffe wie Resilienz und Mitigation nehmen also ein post-progressives Zeitverhältnis auf, das sich in der Gegenwartsgesellschaft schon seit Längerem nachweisen lässt. Das betreffende Krisenbewusstsein schöpft die Motive seines Handelns nicht mehr aus Fortschrittserwartungen, sondern aus einer Vulnerabilitätswahrnehmung, die man nur paranoid nennen könnte, wenn man Soziologie und Klimawissenschaft systematische Übertreibungen unterstellte. Was aus der Perspektive eines modernen Fortschrittsbegriffs als »diskursive Strategie der Entpolitisierung«[35] erscheinen mag, wirkt, so betrachtet, wie ein reflexives Verhältnis gegenüber plausiblen Krisenerwartungen. An den Fortschrittsverzicht gekoppelte Befürchtungen emanzipationsorientierter Soziologien scheinen dabei hinter den empirischen Entwicklungen gegenwärtiger Zeitverhältnisse zurückzubleiben. Der Fortschrittsverzicht bewirkt keine politische Handlungslähmung, keinen Antriebsverlust. Vielmehr erschließen Anpassungspraktiken Spielräume der Lebensführung, die andernfalls bedroht wären. Die Kritik der Resilienz erkennt sogar, dass die Sorge um Selbsterhaltung das Individuum in eine kritische Distanz zum Kapitalismus bringen kann.[36]

Auch die vielfach beobachtete Responsabilisierung des Subjekts lässt sich nur dann als Herrschaftsmechanismus beschreiben, wenn sie isoliert von kollektivem Handeln betrachtet wird. Stimmt es jedoch, dass Selbsterhaltung in der nächsten Gesellschaft gleichermaßen die Programmatik individueller Lebensführung wie des kollektiven Handelns stiftet, wird Anpassung kaum mehr notgedrungen zu jener repressiven sozialen Praxis, als die sie Soziologien der Freiheit von jeher denunzieren. Vielmehr erschließt Anpassung ein Feld sozialer Kämpfe, die mit den modernen Semantiken des Fortschritts kaum noch in den Griff zu bekommen sind. Es geht dann etwa nicht mehr um die Frage, wie eine gerechte Verteilung von immer mehr Wohlstand, Anrechten, ökonomischen Werten oder individuellen Freiheiten zu bewerkstelligen ist, sondern darum, wie ein gütlicher Umgang mit fundamental knappen Ressourcen – seien es nun Rohstoffe, andere Umweltgüter, ökonomische Werte oder subjektive Kapazitäten – gewährleistet werden kann. Auch Konflikte um Sinnbezüge, etwa zwischen solidarischen und exkludierenden Verständnissen legitimer Ansprüche, sind dabei wohl unvermeidbar: Wer hat beispielsweise Vorfahrt in einer Pandemie: die Alten, die für uns Verantwortung getragen haben, oder die Kinder, denen wir heute Verantwortung schulden? Wer verdient unsere Solidarität: die Ukrainerinnen und Ukrainer, die unter dem Angriffskrieg leiden, oder die Rentnerin, die sich das Heizen nicht mehr leisten kann? Geht es an dieser Stelle um echte Einschnitte und sich widersprechende Parteinahmen, haben wir das Feld adaptiver Konflikte betreten.

Die modernen Semantiken des Fortschritts stehen hier praktisch nackt da: Sie erschließen das politische

Feld meist noch in aristotelischer Tradition. Fragen der Selbsterhaltung sind dann dem politischen Prozess vorgelagert, findet die biologische Reproduktion der Individuen doch im privaten Haushalt (*oikos*) statt. Mit der Ablösung des Primats der Selbstentfaltung durch eines der Selbsterhaltung wird diese Sphärentrennung freilich eingerissen, wie kollektive Krisen wie die Covid-19-Pandemie zeigen. Nicht zufällig kommt daher beispielsweise Andreas Reckwitz in seinen Überlegungen zur Resilienzthematik im Zusammenhang mit der Coronakrise zu dem Schluss, der unmittelbare Gesundheitsnotstand mache ein positiveres Bild solcher Anpassungspraktiken unabdingbar: So könne die Antizipation negativer statt positiv zu erschließender Zukünfte dabei helfen, auf Katastrophen nicht nur kurzfristig und unüberlegt reagieren zu müssen; vielmehr könnten auf diese Weise langfristige Strategien entwickelt werden. Reckwitz, der ansonsten sehr nah an den beschriebenen Kultursoziologien argumentiert, bezeichnet diesen Lernprozess gar als »gesellschaftliches Erwachsenwerden«,[37] womit Resilienz als eine kollektive, politische Praxis aufgerufen ist.

Trotz dieser Einsicht will Reckwitz aber offenbar den Fortschrittsgedanken nicht aufgeben, wenngleich er damit nicht auf »die klassisch-moderne Maxime [...] – der Freiheit, des Wohlstands der Emanzipation – und den Glauben an die Gestaltbarkeit von Gesellschaft«[38] Bezug nehmen möchte. Mithilfe einer Standbein-Spielbein-Rhetorik versucht er, Anpassung und Fortschritt stattdessen zusammenzudenken: Stabilität und Krisenfestigkeit dürften nicht zum Selbstzweck werden, es brauche weiterhin positive Visionen für die Gesellschaft: »für eine Politik jenseits der Risikominimierung, eine Politik jener positiven Ziele gesellschaftlicher Verbesserung, ob sie nun in Richtung von Autonomie, Wohlstand, Gerechtigkeit oder Nachhaltigkeit gehen«.[39] Wie das Zitat verdeutlicht, ist Reckwitz' Bezugnahme auf den Fortschritt frei von Teleologie. Es geht ihm nicht darum, letztgültige Ziele von Herrschaft und Lebensführung zu bestimmen. Vielmehr erscheint Fortschritt als ein Modus der Kontingenzöffnung, der im Kontext der Resilienz Kontingenzschließungen zur Seite stehen sollen, wobei aber keinesfalls »alle Experimente auf dem Altar der Sicherheit«[40] geopfert werden dürften.

Darüber hinaus schlägt Reckwitz eine Soziologie vor, die sich mit Verlust als der »anderen Seite des Fortschritts« befassen soll.[41] Verlusterfahrungen seien die negierte, verschwiegene Seite der Moderne, deren »soziale Praxis« »bislang ungebrochen vom Modell der normativen Verbesserung« geprägt gewesen sei. »Verlustvergessenheit« und Verlustpotenzierung stellten allerdings integrale Elemente von Modernisierungsprozessen dar: Siedelt sich Tesla in Brandenburg an, kommt der Fortschritt in Form modernster Autos und zahlreicher Jobs in die abgehängte Region. Wer mag da um die Fichtenmonokultur trauern, die nur die Anwohner »Wald« schimpfen, oder um die

Wasservorräte fürchten, von denen Elon Musk doch zu wissen behauptet, dass sie hier »everywhere« seien, während schon ohne Tesla die Grundwasserseen der Gegend leerlaufen? Wo das Neue in die Welt tritt, muss ganz grundsätzlich Altes weichen, und wenn Modernisierung stetige Erneuerung durch Innovation, Rationalisierung, Demokratisierung, Beschleunigung und Ökonomisierung meine, dann sei die Erfahrung unwiederbringlicher Verluste schlicht unvermeidbar, so Reckwitz. Kontingenzöffnungen – etwa die beruflichen Optionen, die Tesla nach Berlin und Brandenburg bringt – bilden unter dieser Prämisse, so darf man es womöglich verstehen, das funktionale Substitut erlittener Verluste, wobei mit einem solchen Zugriff wohl impliziert ist, dass der sich in diesen Zusammenhängen einstellende Fortschritt vor allem als Versprechen weiterer Selbstentfaltung zu verstehen ist, welche Trost für das Verlorene zu spenden vermag.

Allerdings radikalisiert sich für Reckwitz in der Spätmoderne das Problem der Verlusterfahrung, da es zu einer »Kombination aus verstärkter Verlustsensibilisierung und Verlusteskalation« komme.[42] Wald und Wasser gelten nicht nur in Brandenburg schon lange nicht mehr als unerschöpflich, was ihre Gefährdungen so unmittelbar affektiv und politisierbar macht. Verlusteskalation meint dabei ein Anwachsen von Verlusterfahrungen im Vergleich zu früheren Stadien der Moderne. Reckwitz selbst belegt diesen Eindruck mit Blick auf Gegenwartsgesellschaften mit der Popularität von Geschichten vom Ende – der Demokratie, des Liberalismus, der relativen sozialen Gleichheit, der sozialen Mobilität und so weiter. Verlustsensibilisierung meint dagegen zunächst ein Schwinden von »Verlustverdrängung« im Kontext sich abschwächender Fortschrittseuphorie, womit Reckwitz recht genau die soeben dargestellten Veränderungen des modernen Zeitverhältnisses erfasst, die sich auch jenseits des politischen Feldes in reflexiver Reserviertheit niederschlagen: So recht wollen die Leute sich nicht mehr begeistern lassen, auch wenn nicht nur Wahlkämpfer, sondern auch Job-Coaches oder Finanz-Gurus in den sozialen Medien noch so bemüht sind, ihnen eine helle Zukunft mit Arbeitsplätzen in der Hochtechnologie und Elektroautos aus hauptstadtnaher Produktion zu versprechen. Reckwitz betrachtet dies unter anderem als Effekt einer psychologisierenden Kultur, die »Erfahrungen von Trennung, Trauer und Schmerz« als subjektiv relevant und gesellschaftlich akzeptabel propagiert. Es ist heute okay, traurig zu sein, weshalb man nicht länger jeder Fortschrittsideologie mit breitem Grinsen begegnen muss. Verlusterfahrungen werden nun artikuliert, ohne von einem autoritären kollektiven Fortschrittsnarrativ übertönt zu werden.[43]

Im Zentrum der Problemwahrnehmung steht folglich ein hochgradig subjektivierter Fortschritt. Während kaum noch jemand Hoffnung auf Verbesserungen der gesamtgesellschaftlichen Lage hege, die »Gesellschaftszeit«[44] sich also vom Fortschritt verabschiedet habe, blieben individuelle Verbesserungen vorstellbar – ein halbierter Fortschrittsbegriff, sozusagen. Dieser wird freilich individualisiert und noch dazu häufig negativ erlebt, als »Diskrepanz zwischen den erhöhten Ansprüchen eines subjektivierten Fortschritts und einer Realität, die den hochgeschraubten subjektiven Erwartungen an ein verlustfreies Lebensglück widersprechen muss«.[45] Hinzu kommt, dass positive Kontingenzöffnung erst beginnen kann, wo Selbsterhaltungsprobleme gelöst sind. Wenn aber Selbsterhaltung im Kontext der adaptiven Gesellschaft zum Fixpunkt subjektiver Sinnbezüge wird, ist davon auszugehen, dass es auch zu einem graduellen Abschied von Wünschen nach Kontingenzöffnung kommen wird. Selbst Elon Musk baut schließlich nicht nur in Brandenburg und Schanghai, sondern plant auch Kolonien auf dem Mars – was ihm zumindest subjektiv ein kleines Maß an Kontingenzschließung in Bezug auf jene Klimakatastrophe versprechen mag, zu deren Lösung er mit seinen Autos nach eigenen Angaben beitragen will.

Einstweilen entfaltet der halbierte Fortschrittsbegriff der Spätmoderne unter Umständen stabilisierende Effekte und strukturiert Perspektiven auf individuelle Nah-Zukünfte. Als Leitbild gesellschaftlicher Koordination im Zeichen von Selbsterhaltungskrisen kommt er freilich nicht infrage. Auf eine Re-Komplettierung des Fortschritts zu hoffen, wirkte im Zeichen veränderter Zeitverhältnisse zudem wie der Wunsch nach einer Rückkehr in eine einfache, vor-reflexive Moderne. Im Zeichen eines reflexiven Bewusstseins für Selbsterhaltungskrisen bildet die Enttäuschung der Moderne in Wahrheit eine Ent-Täuschung ihrer Subjekte. Fortschritts*verzicht* ermöglicht es, der Welt nun mit adaptivem Realitätssinn zu begegnen, und verspricht seines Zeichens die Befreiung von Verantwortlichkeit für ein unglaubwürdig gewordenes Projekt. Im Lichte des Primats der Selbsterhaltung geht es dabei nicht mehr um die Selbstheilungskräfte der Moderne, sondern nur noch um die Selbststabilisierung der adaptiven Gesellschaft. Erst eine Soziologie, die das akzeptiert und sich für die Vulnerabilitäten und Stabilisierungsleistungen der Gesellschaft interessiert, kann wahrhaft empathisch sein.

## 4. Adaptive Rebellion

Listen to science
*Fridays for Future*

Hinter der bisher präsentierten Kritik der Emanzipation und dem rekonstruierbaren Fortschrittsverzicht im Zeichen des Aufstiegs von Selbsterhaltungsfragen verbergen sich – bei allen dieser Dynamik eigenen Zumutungen – also auch spezifische Perspektiven der Freiheit. Denn die adaptive Gesellschaft verspricht auch ein Abdämpfen spätmoderner Selbstverwirklichungsüberforderungen und ermöglicht es dem Subjekt, mit den als unhintergehbar erachteten Verhältnissen ins Reine zu kommen, indem es sich der modernen Illusion heroischer Weltgestaltung verweigert. Man hat es dabei keineswegs mit einem nur negativen Verhältnis zur Freiheit zu tun.[1] Denn die Aufgabe eines modernen Weltverhältnisses ist auch als Effekt subjektiver Reflexivitätsgewinne zu verstehen und damit keineswegs als rein von der sozialen Umwelt (und sei sie auch verinnerlicht) erzwungene Anpassung. Im zeitgenössischen Krisenbewusstsein ist schließlich ein gutes Stück Aufklärung enthalten, und so entsteht in der Folge der gesellschaftlichen Selbstthematisierung unter Anpassungsgesichtspunkten eben auch ein spezifischer Bedarf nach Sinnstiftung, die sich aus adaptiver Lebensführung selbst schöpft:

Wie kann eine Gesellschaft aussehen, die sich mit Nachdruck vom Fortschrittsbegriff verabschiedet? Welche Lebensweisen projiziert sie? Mit welchen spezifischen Versprechen auf ein gelingendes Leben kann eine wirklich adaptive Gesellschaft aufwarten?

Diese Fragen, mit denen ich mich in den verbleibenden drei Kapiteln befassen werde, stellen sich nicht nur als solche nach der Absorption von Verlusten, sondern konturieren vielmehr ein Forschungsprogramm, das sich für die spezifische Form einer adaptiven Gesellschaft interessiert und dabei zuvorderst bei Fragen der Sinnproduktion im Kontext adaptiver Lebensführung ansetzt. Gegenwärtige Angebote in diesem Feld – von Resilienz-Coachings über quasireligiöse Lehren bis hin zur soziologischen Resonanztheorie[2] – sind zweifellos eine eigene soziologische Kartierung wert. Gleichwohl gerät man auf diesem Weg schnell in recht spezifische Zusammenhänge, die von der gröberen Linie, die ich bisher zu zeichnen versucht habe, deutlich abweichen. Bevor wir uns den betreffenden Fragen im folgenden Kapitel also explizit und empirisch zuwenden, werde ich den vorliegenden Zusammenhang in einem ersten Schritt im Lichte zweier klassischer Zugriffe auf Anpassung diskutieren, die mit den bisher rekonstruierten Narrativen aus der Soziologie und benachbarten Disziplinen brechen. Dabei wird es zuerst um Gesellschaften ohne modernen Fortschrittsbegriff gehen. Anschließend werde ich mich dem in Soziologien der Freiheit stets impliziten Vorwurf widmen, Anpassung sei primär eine Praxis der Konformität, des Gehorsams und der Fügsamkeit. Versucht man nämlich, Anpassung als eine Praxis zu betrachten, die Spielräume individueller und kollektiver Lebensführung eröffnet, statt sie einzuebnen, die Freiheit ermöglicht, statt nur gesellschaftliche Herrschaft zu reproduzieren, muss man den Blick auf Gesellschaften jenseits des Zeitregimes des Fortschritts und damit jenseits der Moderne richten. Da wir über die Zukunft nur begründet spekulieren können, bietet sich hierfür zunächst ein Rückblick an.

In der Hochzeit der »sozialen Moderne«[3] Ende der fünfziger, Anfang der sechziger Jahre, zu einem Zeitpunkt also, als westliche Gesellschaften mit der »Künstlerkritik« der 68er-Bewegung schwanger gingen,[4] politisch aber noch primär mit der Einhegung des Klassenkonflikts befasst waren, war der dominante wirtschaftspolitische Diskurs geprägt von Auseinandersetzungen um den Begriff des *Wohlstands*. Die für die modernen Gesellschaften des globalen Westens charakteristischen Ungleichheiten und Entbehrungen der ersten Hälfte des 20. Jahrhunderts hatten die Erzeugung wirtschaftlichen Wachstums, die Verteilung ökonomischer Güter und die Reduzierung von Knappheitserfahrungen aus Sicht der Bevölkerung ganz oben auf die politische Agenda gesetzt. In Deutschland steckte Ludwig Erhard 1957 mit der Veröffentlichung von *Wohlstand für Alle* den Horizont politischer Legitimität ab.[5] In den USA erschien ein Jahr später John Kenneth Galbraiths *The Affluent Society*, in dem der einflussreiche Keynesianer und Unterstützer des New Deal für starke wohlfahrtsstaatliche Eingriffe zugunsten der Armen plädierte.[6]

Gebrochen wurde dieser Diskurs von intellektuellen Interventionen mit einer gewissen Nähe zur Counterculture. Hier wurde nicht nur die Erzeugung und Verteilung, sondern das grundlegende Verständnis von Wohlstand zum Thema gemacht. Nicht zufällig gelang dies besonders gut, wenn man den Rahmen einer fortschrittsfixierten Moderne durch alternative Bezüge ersetzte. In der Anthropologie der sechziger Jahre entwickelte sich etwa eine Kontroverse um die Frage des Wohlstands im Kontext menschlicher Lebensformen vor der Dominanz von Sesshaftigkeit und Agrikultur.

Der damals noch relativ junge Kulturanthropologe Marshall Sahlins positionierte sich in diesem Zusammenhang mit der These einer »Original Affluent Society« – einer ursprünglichen Wohlstandsgesellschaft.[7] Von Jäger-und-Sammler-Gesellschaften nahm man seinerzeit noch mehrheitlich an, diese hätten stets kurz vor dem Untergang gestanden. Unfähig, aus knappen Ressourcen wirtschaftliche Überschüsse zu erzielen, sollen die Menschen damals von der Hand in den Mund gelebt haben, in permanenter Entbehrung und stets vom Hungertod bedroht. Dem hielt Sahlins Befunde entgegen, laut denen bestimmte Wildbeutergruppen all ihre Bedürfnisse aus einem unmittelbaren Zugriff auf vorhandene Naturgüter stillen konnten. Da ihre Bedürfnisse mit verhältnismäßig wenig Arbeit zu erfüllen waren, hätten die Wildbeuter geradezu im Überfluss gelebt, insbesondere hinsichtlich der ihnen zur Verfügung stehenden freien Zeit. Sahlins' Wildbeuter begehren wenig, finden daher alles Nötige vor und schätzen ihre Freizeit, in der sie vor allem herumhängen und Fressorgien (»feasts«) feiern, statt unnötige Mehrarbeit zu leisten.

Die Attraktivität dieser These, mit der sich so mancher Spätadoleszenter bis heute identifizieren dürfte, basierte zu großen Teilen auf dem Bild einer Lebensweise, die anderen Zeitbezügen und normativen Leitbildern folgte als die hochmoderne Gesellschaft der sechziger Jahre. Sahlins wandte sich dabei, wie auch der kürzlich verstorbene David Graeber in seinem Vorwort zur jüngsten Ausgabe von *Stone Age Economics* betont, explizit gegen die in der Volkswirtschaftslehre dominante Doktrin ökonomischer Knappheit.[8] Ihr zufolge gewinnen menschliche Gesellschaften – hier im Grunde auf ökonomisches Handeln reduziert – ihre Dynamik aus der Spannung zwischen den unbegrenzten Wünschen der Menschen und den begrenzten Mitteln, mit denen sie den Zugang zu grundsätzlich knappen Gütern zu realisieren versuchen. Die Menschen wollten immer mehr, als sie haben könnten. Dies sei der Antrieb allen Strebens.

Aus soziologischer Sicht handelt es sich hierbei um für die kapitalistische Moderne charakteristische subjektive Weltbezüge: Moderne Gesellschaften erzeugen Folgebereitschaft[9] durch das Versprechen, bei disziplinierter Lebensführung Zugriff auf wirtschaftliche Güter zu erhalten. Wer sich fügt und nach den Regeln spielt, darf sich berechtigte Hoffnungen auf Teilhabe am gesellschaftlichen Wohlstand machen. Anpassung ist dabei Bedingung, denn man kann ein Spiel nur spielen, wenn man die Regeln akzeptiert.

Die Menschen werden so zu Kompliz:innen der »dynamischen Stabilisierung«[10] von Gesellschaften, die ihnen kaum mehr in Aussicht stellen als triviale Vergnügungen und Technologien der Zerstreuung. Ihre Freiheit entfaltet sich in der Wahl zwischen Bubble Tea, Yoga und den unendlichen Angeboten des E-Commerce. Dem zeitlosen Bild menschlicher Antriebe, welches die Ökonomie zeichnet, hält eine liberalere Soziologie zudem die Idee eines weitergehenden Sinnbedarfs entgegen. Den utopischen Überschuss, nach dem sich die Menschen sehnen, liefern die bereits diskutierten Versprechen des Fortschritts, also glaubhafte Bilder einer besseren Zukunft, aus denen die Individuen überhaupt erst ihre Handlungsmotive in der Gegenwart gewinnen. Knappheit ist die Grundlage der ganzen Konstruktion.[11]

Sahlins' Wildbeuter dagegen haben keinen Begriff von Knappheit. Unbegrenzte Wünsche sind ihnen fremd, und sie führen ein Leben in ewiger Gegenwart. Ihre Bedürfnisse sind »leicht zu befriedigen […], weil sie wenig begehren«.[12] Gleichwohl müssen sie sich wechselnden Umweltbedingungen anpassen. Eine spezifische Nahrungsquelle versiege saisonal oder als Effekt übermäßiger Entnahme. Dies mache die nomadische, oft erratische Mobilität der Wildbeuter notwendig, welche wiederum eine Abneigung gegenüber übermäßigem Besitz, also materielle Genügsamkeit bedinge. Alles muss getragen werden. Jedes portable Eigentum schränkt Mobilität ein, jedes nichtportable Besitztum ist dagegen wertlos, weil es im Fall der Fälle zurückgelassen werden muss. Die Akkumulation von Gütern wird zu einer wenig attraktiven Option, die Akzeptanz von »Unverfügbarkeit« ermöglicht bei gesicherter Subsistenz die Anpassung von Lebensweisen und Bedürfnissen.[13]

Die Lebensweise der Wildbeuter erschließt Gegenwart nicht durch den Zugriff auf eine mögliche bessere Zukunft, sondern durch die Vergrößerung von zeitlichen Freiräumen in der unmittelbaren Gegenwart. Es handelt sich um keine getriebene, zukunftserobernde Existenz, wie sie für die moderne Subjektivität kennzeichnend ist. Laut Sahlins sind die materiellen Wünsche der Wildbeuter mit fünf Stunden täglicher Arbeit vollends zu erfüllen. Über den Materialspezialisten einer Gruppe Wildbeuter heißt es beispielsweise, dieser habe den größten Teil seines Tages »mit sprechen, essen und schlafen« verbracht.[14] Der sukzessive Übergang von der Wildbeuterei (immerhin 90 Prozent der Menschheitsgeschichte[15]) zur Agrikulturgesellschaft ist für Sahlins dementsprechend nur als Ergebnis von Zwang und Herrschaft zu verstehen, ersetzt sie die Situation des Überflusses doch durch eine Ordnung, in der länger gearbeitet werden muss und in der die Lagerung von Gütern wegen der Saisonalität von Ernten zu einer entscheidenden Praxis wird. Für Sahlins' Wildbeuter kann dies keine attraktive Option gewesen sein.

Obwohl in einem grundsätzlichen Sinne adaptiv stabilisiert,[16] positioniert Sahlins die Lebensführung der Wildbeuter explizit als Gegenbild zu einer von Herrschaft geprägten Gesellschaft und insbesondere zu jener der industriellen Moderne. Die ursprüngliche Wohlstandsgesellschaft sollte, so darf man wohl unterstellen, eine Lebensweise anschaulich machen, in der der eigentliche Fortschritt gerade darin bestünde, das moderne Zeit- und Werteregime abzulegen. Statt die Wildbeuter als Arme zu beschreiben, weil sie keine Besitztümer hätten, solle man sie gerade deswegen besser als *frei* beschreiben, so Sahlins. Ins Spiel gebracht wird damit ein spezifischer Begriff von Freiheit, der sich nicht auf eine kommende Welt oder zu verwirklichende Rechte bezieht, sondern auf die Autonomie, in der Gegenwart zu handeln.[17] Diese Lebensweise sei dadurch gekennzeichnet, alle in einem Moment durch Jagen und Sammeln verfügbaren Güter umgehend zu konsumieren. Denn wie schon bei den Mobilität einschränkenden Besitztümern gilt, dass Vorratshaltung nicht nur als unnötig, sondern als kontraproduktiv betrachtet wird. In Anlehnung an Marx und als polemische Spitze gegen die modernen Wohlstandsdebatten resümiert Sahlins, dass sich das Problem mangelnder Produktivität den ursprünglichen Wohlstandsgesellschaften nicht gestellt habe. Vielmehr sei ihre Wirtschaftsweise von der Gefahr sinkender Profitraten geprägt gewesen:[18] Je mehr sie sich um Besitz und Vorräte hätten kümmern müssen, je mehr die Wildbeuter also gearbeitet hätten, desto schwieriger sei es geworden, ihre Lebensweise zu reproduzieren.

Sahlins' Thesen sind seit ihrer ersten Veröffentlichung als Konferenzpapier im Jahr 1966 vielfach kritisch aufgegriffen worden und bedürfen als Beschreibungen ursprünglicher Lebensführung sicherlich partieller Differenzierung und Revision.[19] Schon Sahlins selbst sah seine Thesen aber eben offenkundig auch als Kommentar zu den intellektuell beschränkten Wohlstandskontroversen der fünfziger und sechziger Jahre und als Horizont einer nichtmodernen Kapitalismuskritik.[20] Für eine kritische Soziologie der Gegenwart sind dabei vor allem die in seiner Analyse der Wildbeuter zum Ausdruck kommenden Imaginationen eines guten Lebens von Bedeutung. Im Kern geht es dabei um eine Idee von Freiheit, die sich nicht nur kritisch zu Fragen des Eigentums, der Ungleichheit und der Herrschaft positioniert, sondern eine Gesellschaft zur Ansicht bringt, die Freiheit aus einer adaptiven Lebensweise schöpft, der das moderne Fortschrittsdenken vollkommen fremd ist.

Diese Lebensweise ist nicht konformistisch, sondern opportunistisch – interessanterweise ein weiterer pejorativ geladener Begriff in der Semantik der

Moderne, der doch eigentlich nur das Erschließen von Gelegenheiten im Rahmen möglicher Bedingungen meint. Ursprüngliche Anpassung richtet sich auf Gelegenheiten und folgt simplen Prioritäten der Selbsterhaltung. Man nutzt, was man braucht, spart Energie, indem man den Aufwand gering hält.

In den von Sahlins beschriebenen Gesellschaftsformationen bewegen sich solche Lebensweisen freilich in eher engen Grenzen. Die Zyklen der Natur sind stabil, Zeit ist flach und geschichtslos. Die Veränderung der Welt ist nicht der Horizont menschlichen Handelns, der Motor der zivilisatorischen Dynamik noch nicht angesprungen. Anpassung findet zudem im Rahmen relativer Erwartungssicherheit statt, was einen großen Unterschied zur gegenwärtigen Selbstthematisierung der adaptiven Gesellschaft darstellt.

Mit der sozialen Stabilität ist es dann jedoch allerspätestens im Moment der Durchsetzung moderner Weltbezüge und der entsprechenden Dynamisierung vorbei. Die Frage des Fortschritts ist hier zunächst von Konflikten um die jeweiligen Erwartungen an die Zukunft der Gesellschaft geprägt, die als politische Ideologien miteinander konkurrieren. Als Heuristik ist dabei nach wie vor die von Karl Mannheim eingeführte Unterscheidung zwischen drei nativen – also erst mit ihr möglich werdenden – Ideologien der Moderne und ihren unterschiedlichen Perspektiven auf Zukunft zentral:[21] dem Liberalismus, der die Zukunft als weißes Blatt begreift, das es nach Gutdünken zu beschreiben gilt; dem Sozialismus mit seiner teleologischen Idee der Entfaltung von Freiheit; und dem Konservatismus, der sich der Bewahrung kultureller Besonderheiten in die Zukunft hinein verschreibt. Trotz unterschiedlicher Perspektiven auf die Zukunft teilen sie die fundamentale Eigenschaft, diese als Raum der Entfaltung von Besonderheiten zu begreifen – der Besonderheit des liberalen Individuums, jener der Mitglieder einer von der Geschichte erwählten Klasse oder bestimmter kultureller Gemeinschaften.

Doch jenseits wachsender Chancen auf Selbstentfaltung kennen die sich modernisierenden Gesellschaften, wie gesagt, auch Konflikte, Spannungen und dementsprechend Anpassungsdruck. In ihrer Wahrnehmung setzt sich nach und nach eine soziologische Lesart durch, welche die entsprechenden Gefährdungen als gesellschaftsimmanent sowie als Herausforderungen für die Individuen erkennt. Dennoch gibt es nur wenig soziologische Theoriebildung, die den Begriff der Anpassung als generative und zugleich variable und *transformative* Praxis explizit ins Zentrum gestellt hat.[22] Insbesondere die von Robert K. Merton in den dreißiger Jahren entwickelte Theorie der Anpassung bildet hier eine wichtige Ausnahme.

Wenig überraschend schließt Merton an jenes Programm sozialer Ordnung an, das Anpassung ohnehin als den unproblematischen Normalfall betrachtet.

Er entwickelt seinen Ansatz aber mit einem besonderen Interesse an sozialem Wandel. Dabei geht es ihm um Praktiken der alltäglichen Krisenbewältigung im Kontext einer Soziologie von Anomie und Anpassung. Merton beruft sich in seiner Analyse von Adaption als potenziell transformativer Praxis auf Émile Durkheim, der Anomie als Abwesenheit gesellschaftlicher Regeln und damit als Verlust sozialer Integration verstand.[23] Durkheim verortete die Ursachen von Anomie in den entwurzelnden Effekten der Modernisierung und beschrieb sie als eine Art Aus-dem-Gleichgewicht-Geraten von Gesellschaften. Auch Merton betrachtet Anomie als generischen Bestandteil moderner Gesellschaften und sieht das Phänomen als eine konstante Begleiterscheinung graduellen sozialen Wandels. Erfahrungen mit dem sich daraus ergebenden Anpassungsdruck sind also gewissermaßen universell und daher für die Soziologie permanent beobachtbar und grundsätzlich systematisierbar. In Mertons Theorie verbirgt sich dabei ein Verständnis von Anpassung, das sich tendenziell von jenem der Soziologien der Ordnung, aber auch der Freiheit unterscheidet, die Adaption primär mit wahlweise positiv, wahlweise negativ konnotiertem Konformismus in Verbindung bringen. Anpassung wird bei ihm vielmehr als variable, ja kreative Praxis sichtbar.

In seinem klassischen Essay »Social Structure and Anomie« aus dem Jahr 1938 befasst Merton sich mit der Frage nach den sozialen Grundlagen abweichenden Verhaltens. Zwei Punkte sind dabei seiner Ansicht nach zentral: Erstens ist das, was die Soziologie seinerzeit als abweichendes, also nicht normgerechtes, Verhalten beobachtet, meistens eigentlich eine Praxis der Adaption. Zweitens bilden gesellschaftliche Konstellationen, die Menschen in unmögliche Situationen bringen, den Hintergrund dieser Praktiken: Der Beamte in der öffentlichen Verwaltung, der seltsam abwesend wirkt und unfähig ist, interpretativen Spielraum bei der Ausführung bürokratischer Aufträge zuzulassen, tut dies nicht, weil mit ihm persönlich etwas nicht stimmt. Die Schülerin, die enorme Energie aufwendet, um bei einem Test erfolgreich zu betrügen, ist nicht unbedingt moralisch verkommen. Diese Menschen stehen für Merton vor Problemen, die sich aus einer Kluft zwischen kulturell vorgegebenen Zielen und den Mitteln ergibt, die zu ihrer Erreichung verfügbar sind. Die so von Merton eingeführte Unterscheidung zwischen *Kultur* und *Gesellschaft* erschließt dabei ein subjektiv zu bewältigendes Spannungsverhältnis, mit dem die betreffenden Personen auf unterschiedliche Weisen umgehen können.

Der Beamte beispielsweise verhält sich so stumpf zu den Regeln seines Berufs und lähmt damit die Behörde, weil er sich von seiner Arbeit nichts mehr verspricht. Die Beförderung oder die Anerkennung des Chefs hat er nicht bekommen. Aus dem Flirt mit der Kollegin ist nichts geworden. Die kulturellen Ziele – Aufstieg, Anerkennung, soziale Integration –, die er mit seiner Tätigkeit verfolgte, konnte er nicht erreichen. Schuld sind soziale Regeln (Gesellschaft): Für den Aufstieg braucht es ein unerreichbares Diplom, der Chef blickt nur auf die Zahlen statt auf ihn als Mensch, und die Kollegin weist ihn zurück, weil sie weiß, dass Beziehungen am Arbeitsplatz von der Geschäftsführung nicht gewünscht sind. Als Reaktion verfällt er in eine übertrieben formale Art der Bearbeitung von Aufträgen. Merton beschreibt dies als Anpassung an den Bedeutungsverlust bestimmter kultureller Werte – heute würde man vielleicht von Coping sprechen. Wichtig ist, dass der betreffende Beamte weitermacht. Seine verschrobene Art ist Symptom eines adaptiven »Ritualismus«.[24]

Bei der Schülerin verhält es sich anders. Sie will den gesellschaftlichen Erfolg, verspricht sich von guten Noten nach wie vor Lob, Respekt und womöglich mehr Taschengeld. Woran sie nicht glaubt, das sind die Regeln, in deren Rahmen sie den gewünschten Erfolg erzielen soll. Sie hat kein Problem mit den dominanten kulturellen Werten (Erfolg), sondern mit den Mitteln, die die Gesellschaft ihr zum Erreichen dieser Ziele zubilligt. Merton erkennt in einer solchen Einstellung eine typische und durchaus realistische Perspektive unterer Klassen. Dort lerne man schnell, dass jene ein Spiel erfolgreich spielen, die dessen explizite und implizite Regeln früh erfasst haben. Das sind, wie die Bildungssoziologie wieder und wieder belegt hat, tatsächlich die anderen. Daher sieht die Schülerin keinen anderen Weg, als die Regeln zu beugen, um ihre Ziele zu erreichen. Ihre Strategie der Anpassung lautet »Innovation«.[25]

Neben Ritualismus und Innovation beschreibt Merton mit Konformismus, Rückzug und Rebellion drei weitere Strategien der Adaption. Während Konformismus von kritischen Soziologien als Zwang zur Anpassung beschrieben wird, der folglich jene treffen muss, die Herrschaft unterworfen sind, erlaubt Mertons Lesart ein anderes Verständnis dieser Praxis. Denn Konformismus, also die Bejahung kultureller Ziele *und* der verfügbaren gesellschaftlichen Mittel, muss man sich leisten können. Es ist der typische Ansatz jener, die von Herrschaft profitieren. Rückzug dagegen sei die ultimative Außenseiterpraxis. Wer sich außerhalb der Werte, Normen und Wünsche einer spezifischen Kultur positioniert und zudem die sozialen Institutionen ablehnt, sei in einem strengen soziologischen Sinne nicht länger Teil der Gesellschaft, da er sich weder ihren Regeln noch ihren Werten und Normen verpflichtet fühle. Entsprechend identifiziert Merton diese Strategie der Anpassung etwa mit Drogen- und Alkoholabhängigen, psychisch Kranken und Landstreicher:innen.

Rebellion wiederum ist eine charakteristische Anpassungspraktik der Mitglieder aufsteigender Klassen, denn »es sind typischerweise nicht Angehörige der am stärksten benachteiligten Schichten, sondern aufsteigender Klassen, die die Grollenden und Rebellischen zu einer revolutionären Gruppe organisieren«.[26] Sie ist die dynamischste der fünf Anpassungsstrategien, steht sie doch sowohl in der Dimension der Kultur als auch in jener der Gesellschaft nicht nur für die Ablehnung bestehender, sondern auch für die zeitgleiche Implementierung neuer Ziele und Mittel. Zu unterscheiden ist die Rebellion vom Ressentiment, das Merton eher als aggressionsbewehrte Form der Innovation betrachtet. An Werten wird festgehalten, die zugehörigen Regeln werden aber aggressiv transformiert: Der Staat soll sich um die Armen kümmern, doch die Fremden soll er kaltherzig des Landes verweisen.

Anders als den Urvätern der kritischen Soziologie geht es Merton nicht um Anpassung an unbewegliche, stahlharte Strukturen der Herrschaft. Sein Thema ist die Anpassung im Kontext sozialen Wandels, der von den Individuen als krisenhaft erlebt wird. Im Rahmen dieser Perspektive tritt Anpassung als variable, ja teils kreative Praxis in Erscheinung. Sie kann eine Strategie der individuellen Rettung, aber auch eine Praxis des kollektiven Aufbruchs sein.

## *Adaptive Generationen*

Lässt sich diese Typologie der Anpassung auf die Gegenwart übertragen? Sind adaptive Zugriffe auf die multiple Krise der Gegenwart beobachtbar, die es uns ermöglichen, dem denunziatorischen Verständnis von Anpassung mit Verweisen auf kreative und widerständige Adaptionsstrategien zu begegnen? Zu suchen hätten wir diese, dem beschriebenen Theorieprogramm folgend, bei Gruppen, die die Quellen des Anpassungsdrucks adressieren, sich als Agenten des sozialen Wandels in Szene setzen und diesen als adaptives Programm entwerfen. Merton verweist uns bei der Suche nach solchen Rebellionen auf »aufsteigende Klassen« als deren Trägermilieu. Man muss dies freilich vor dem Hintergrund der industriell-modernen, also in ihrer Selbstthematisierung primär um Wohlstands- und Klassenfragen sortierten Gesellschaft verstehen. Schon die Formulierung der »aufsteigenden *Klassen*« verweist zudem auf das Motiv des Konflikts um Wohlstand, Fortschritt und Selbstentfaltung. Bilden »aufsteigende Klassen« auch heute noch die passende Perspektive für eine Konstellation der Selbsterhaltung, oder müssen wir nach anderen Akteuren Ausschau halten? Nähert man sich einer Antwort im ersten Schritt über die empirische Identifizierung von Akteuren, die die Krise der Gegenwart in rebellischer Weise adressieren, landet man womöglich nicht in erster Linie bei sozialen Klassen, sondern bei bestimmten Generationen als Trägern des rebellischen Protests.

Während wissenschaftliche Diagnosen zu einzelnen Generationen in der Öffentlichkeit häufig als Urteil über den Charakter ganzer Jahrgangsgruppen rezipiert werden, geht es soziologisch meist um politische Generationen*eliten*, also teils recht kleine Gruppen, die, insbesondere rückblickend, als politische Stimmen ganzer Kohorten wahrgenommen werden.

Zugrunde gelegt wird dabei ein geteilter Erfahrungshintergrund, der ein eigenes, altersspezifisches Verhältnis zum politischen Feld grundiert. Betreffen solche geteilten Erfahrungen bestimmte Jahrgänge in besonderer Weise, so kann man von einem »Generationenzusammenhang« sprechen.[27] Die Erfahrungen von Vaterlosigkeit, Sprachlosigkeit und Geschichtslosigkeit der noch als Kindersoldaten in der Luftabwehr (Flakhelfer, geb. 1926-1930) eingesetzten Aufbaugeneration bilden, so betrachtet, beispielsweise die Basis eines Willens zu ungeheurer Funktionstüchtigkeit, der ihre politische Generationselite letztlich zum Treiber der gesellschaftlichen Liberalisierung werden ließ. Die Proteste der 68er-Bewegungen gelten als Ausdruck der Privilegierung einer Generation, die die von ihren Eltern verkörperte »Skepsis nicht als letztes Wort einer sich bewusstseinsindustriell nivellierenden Gesellschaft akzeptieren« wollte.[28]

Generationen sind dabei durch einen anderen Zugriff auf sozialen Wandel gekennzeichnet als Klassen. Denn der Generationenbegriff in der Tradition Karl Mannheims verbindet Natur- und Gesellschaftszeit insofern in besonderer Weise, als das biologische Geborenwerden und Sterben mit einem sozialen Charakter versehen wird, der die Erneuerung und Transformation der Gesellschaft ermöglicht: »Das offensive Generationsbewusstsein gehört« daher »zu einer dynamischen Welt mit Renovierungswillen und Zukunftsbereitschaft, die auf einen Begriff des

Neuen bezogen ist, das mit dem Bekannten bricht, um das Unbekannte zu ermöglichen«.[29] Die in der zweiten Hälfte des 20. Jahrhunderts mit diesem Bewusstsein verbundenen Programmatiken lassen sich erwartungsgemäß in ein kulturelles Projekt gesellschaftlicher Liberalisierung und damit Selbstentfaltung einordnen, für das sie wichtige Impulsgeber waren. In Deutschland sind etwa die »neuen sozialen Bewegungen« der achtziger Jahre als »Modernisierungsmotoren« in diesem Sinne beschrieben worden.[30] Luc Boltanski und Ève Chiapello haben in ihrer berühmten Studie zum »neuen Geist des Kapitalismus« die Künstlerkritik der 68er-Bewegung als Ursprung einer auf die Vervielfältigung von Selbstverwirklichungschancen zielenden Restrukturierung der Industriegesellschaft identifiziert.[31] Dies waren Generationen des Fortschritts und der Emanzipation, von denen sich die in den Shell-Studien erforschte Jugend ab den achtziger Jahren bereits deutlich unterschied.

Versucht man, einen solchen Generationenbegriff auf die Gegenwart anzuwenden, kann man dagegen spezifische Qualitäten der aktuellen Protestgeneration identifizieren, die diese als mögliche Agenten rebellischer und damit transformativer Anpassung in Szene setzen. Zunächst ist festzuhalten, dass wir es bei der jüngsten Welle von Klimaprotesten, gerade im Rahmen der Fridays-for-Future-Bewegung, tatsächlich mit einer Kernträgerschaft zu tun haben, die dereinst womöglich als Generationenelite rekonstruiert werden wird.[32] Denn das Motiv des Aufstiegs, welches Merton für die industrielle Gesellschaft noch an den Begriff der Klasse band, tritt auch hier in Erscheinung – allerdings zunächst weniger im Sinne vertikaler Strukturen sozialer Ungleichheit, sondern in einem generationenlogischen Sinne, in dem die Jungen stets die Aufsteiger einer kommenden Zeit darstellen. Im Falle der neuen Klimabewegung handelt es sich freilich zudem um (zukünftige) Bildungseliten, die den Protest tragen: Die Anhängerschaft der durch die damals 15-jährige Greta Thunberg angestoßenen Bewegung ist nicht nur überdurchschnittlich jung und weiblich, sondern rekrutiert sich auch besonders stark aus den höheren Rängen des schulischen Bildungssystems.[33] Bei Befragungen von Fridays-for-Future-Demonstrierenden in Bremen und Berlin 2019 waren 14- bis 19-Jährige mit 51,5 Prozent die am stärksten vertretene Alterskohorte, gefolgt von der Gruppe der 20- bis 25-Jährigen (19 Prozent).[34] Ein Blick auf den Bildungshintergrund zeigt, dass ein überdurchschnittlich großer Teil der Schülerinnen, Schüler und Studierenden, die an den FFF-Demonstrationen teilnahmen, Eltern(teile) mit Hochschulabschluss hatten. Ebenso augenfällig wird dies in der subjektiven Selbsteinschätzung der Befragten: 63,4 Prozent von ihnen zählten sich zur oberen Mittelschicht. International zeichnet sich ein ähnliches Muster ab: Eine Studie von Mattias Wahlström und Kolleg:innen, die in 13 europäischen Ländern Feldforschung bei FFF-Protesten betrieben, ergab, dass die mit 45 Prozent am stärksten vertretene Alterskohorte jene der zwischen 14- und 19-Jährigen war. Zudem zeigt sich auch länderübergreifend eine Überrepräsentation von Menschen mit hohem Bildungsgrad: Insgesamt gaben 72,3 Prozent der Schüler:innen an, dass mindestens ein Elternteil über einen Hochschulabschluss verfügte. Wir haben es also mit einer Bewegung zu tun, deren Trägerschaft nicht nur generationenlogisch, sondern auch sozialstrukturell auf dem Weg in die privilegierten Ränge der Gesellschaft ist.[35]

Erkennbar wird zudem die generationentypische Verbindung von Naturzeit und Gesellschaftszeit in dem Sinne, dass das biologische Alter in der Imagination der Bewegung besondere Sprecherinnen-Rechte in Bezug auf die Zukunft rechtfertigt, der die Demonstrierenden ausgesetzt sein werden, während die Älteren sie ja schlicht nicht mehr erleben werden. Zugleich wird die nun von der Krise der planetaren Ökosysteme geprägte Naturzeit zum Problem für die persönliche Gesellschaftszeit der Protestierenden. Die Natur kommt, den Beschreibungen der Bewegung zufolge, aus dem Tritt, was nicht nur eine Semantik des Fortschritts verbietet, welche die Natur als stabiles Äußeres unterstellte, sondern auch ganz persönliche Selbsterhaltungsfragen politisiert: Dass die Zukunft den Jüngeren gehört, gilt nicht mehr selbstverständlich, wenn das Ganze auf dem Spiel steht.

Dieser Schwerpunkt scheint auch die einheitsstiftenden Momente des Generationenzusammenhangs zu prägen. Die von Soziologien der Moderne beobachteten Generationeneliten konstituierten sich durch einschneidende gemeinsame Erfahrungen wie Kriege oder Wirtschaftskrisen, die im Anschluss ihr Gesellschaftsbild prägten. An deren Stelle tritt bei den Schülerprotesten dagegen offenkundig die Antizipation von Problemen der Selbsterhaltung. Die »Kinder der Apokalypse«[36] zeichnen die Zukunft als Dystopie und gewinnen aus der existenziellen Bedrohung ihre Mobilisierungskraft. Ideologiekritische Stimmen, die das Primat der Selbstentfaltung bis in die Gegenwart verlängern wollen, erkennen richtig: Für die Klimabewegung stellt sich weniger die Frage nach dem *Wie* als vielmehr jene nach dem *Ob* der Zukunft.[37]

Der Generationenzusammenhang wird also nicht erfahrungs-, sondern erwartungsbasiert gestiftet. Dabei lässt sich wiederum ein beachtliches Maß an Reflexivität beobachten, ist die Ausrichtung an der katastrophischen Zukunft kognitiv doch eine keineswegs triviale Übung, wie schon die schlichte Tatsache illustriert, dass die meisten Menschen diese konsequent ausblenden. Fortschrittssemantiken spielen in den offiziellen Selbstbeschreibungen der Bewegung zudem kaum eine Rolle. In keinem der Forderungspapiere wird ein emphatischer Fortschrittsbegriff vertreten; kommt Fortschritt überhaupt vor, dann als einer hin zur Klimaneutralität 2030. Fortschritt ist auch hier nur die »Antwort auf den Zweifel und die Hoffnung, daß es endlich besser werde, daß die Menschen einmal aufatmen dürfen« (Theodor W. Adorno).[38]

Das Zukunftsprogramm nimmt sich dementsprechend bescheiden aus. Betont werden vor allem Imperative der gesellschaftlichen Selbsterhaltung. Es gilt, das 1,5-Grad-Ziel um jeden Preis zu erreichen. Gelinge das nicht, seien die Folgen für Mensch und Natur katastrophal.[39] Das Primat der Selbsterhaltung führt hier dazu, dass sich Fragen der Selbstentfaltung ganz anders stellen. So schreiben beispielsweise Luisa Neubauer und Alexander Repenning, zwei prominente Vertreter von FFF, über den »Luxus, Fahrrad zu fahren«,[40] und stellen die Kombination von Bewegungsfreiheit, ökologischem Transportmittel und Zeitsouveränität als selbstbestimmte Lebensweise der Scheinfreiheit einer höchst individualisierten, von fossilen Brennstoffen und kapitalistischen Kosten-Nutzen-Kalkülen bestimmten Lebensführung entgegen. Selbstentfaltung auf der Grundlage von Selbsterhaltung folgt demnach nicht der extensiven Fortschrittslogik mit ihrem Fokus auf mehr und schnellerem Konsum sowie einer maximalen Steigerung der Produktivität. Sie richtet sich eher nach der Maxime »Small is Beautiful«[41] und impliziert eine Rückbesinnung auf die Endlichkeit natürlicher Ressourcen, was übrigens auch für die eigenen gilt, die im Kontext einer »achtsamen« und auf Kooperation mit der belebten und unbelebten Welt ausgerichteten Lebensführung entfaltet werden sollen – eine Perspektive, die jener »Zen-road to affluence« nicht unähnlich ist, die Sahlins für die Wildbeuter beschrieb.

Sichtbar wird in den Analysen und Selbstdarstellungen der Bewegung neben dem sie prägenden Selbsterhaltungsparadigma und Fortschrittsverzicht zudem ein drittes Merkmal, das wir als mögliches Kennzeichen einer Konstellation der Anpassung erschlossen haben. So fallen in der politischen Programmatik individuelle und kollektive Adaptionsanstrengungen in eins. Auch wenn die Klimabewegung sich bemüht, weg von einem individualisierten Moralismus hin zu großflächigen Politiken zu kommen, ist den meisten Aktivistinnen und Aktivisten wohl bewusst, dass in liberalen Gesellschaften beides notwendig ist: sowohl das klimabewusste Handeln einzelner Subjekte als auch eine Politik und Wirtschaft, die ein solches Handeln fördern und institutionalisieren. Es gilt, sowohl verantwortungsbewusst zu konsumieren als auch die Konzerne in die Verantwortung zu nehmen, konsequent auf die Plastiktüte zu verzichten, Secondhandkleidung zu kaufen, aber auch die Billigklamottenindustrie und ihre Sweatshops durch Lieferkettengesetze zu regulieren.

Mit der Betonung von Selbsterhaltungskonflikten, ihrem Fortschrittsverzicht und in der Verbindung von individueller und kollektiver Praxis wirkt die neue Klimaschutzbewegung folglich wie die politische Speerspitze einer im Kern adaptiven Lebensweise. Inhaltlich ist sie gerade von linker Seite dafür kritisiert worden, nur »wenig alternativgesellschaftliche Vorstellungskraft« entwickelt zu haben.[42] In dieser Hinsicht ließe sie sich womöglich als klassische Risikobewegung im Sinne der Theorie reflexiver Modernisierung verstehen, als Trägerin einer schon in den achtziger Jahren virulenten und seither zur Reife gelangten subpolitischen Belagerung der repräsentativen Demokratie, für die sie als Schrittmacher weiterer Demokratisierung fungiert.

Übersehen bliebe bei dieser Interpretation freilich ein eigentümliches Charakteristikum, das so gar nicht in das erfasste Demokratisierungsprogramm passt. So wartet die neue Klimaschutzbewegung, jedenfalls in ihrer öffentlichen Repräsentation, mit einem ungeheuren Wissenschaftsvertrauen auf, dessen »positivistische Perspektive« laut Ingolfur Blühdorn

> keinerlei Erinnerung an die, oder Bewusstsein der, Jahrzehnte währenden Diskussionen um den subjektiven Kern aller vermeintlich objektiven Wissenschaft und um die Verantwortung gerade auch der alle Objektivität monopolisierenden Expert*innen für die Misere der modernen Gesellschaft mehr erkennen lässt.[43]

Dieses Wissenschaftsvertrauen – bündig artikuliert im Slogan »Listen to Science« und in der Kooperation mit dem Zusammenschluss »Scientists for Future« – mag man naiv nennen oder strategisch.[44] Stellt man es in einen Zusammenhang mit der ebenfalls zentralen Perspektive auf einen »starken, führenden Staat«[45] und versucht man, es von den gewünschten Effekten her zu begreifen, wird jedenfalls eine eigene Vision des Politischen sichtbar, die letztlich auf die Entpolitisierung klimaschutzbezogener Fragen zielt. Als Horizont dieser Kritik kann man daher einen positiven Begriff evidenzbasierter Technokratie ausmachen, dem es darum geht, Selbsterhaltungsfragen dem politischen Konflikt und damit der demokratischen Deliberation zu entziehen.

Auch eine solche Haltung hat der hellsichtige Ulrich Beck schon in den neunziger Jahren kommen sehen. Die Inflation der Subpolitik könne zu einer Blockade politisch-administrativer Handlungsfähigkeit führen, zu einem »Stau«, der das politische Geschehen massiv verlangsame.[46] Auf die Gegenwart übertragen, hätten wir es bei den Entpolitisierungsträumen der adaptiven Generation folglich mit einer Reaktion auf frustrierte Erwartungen zu tun. Selbsterhaltungsfragen sollen, ja: *müssen*, gelöst werden. Die real existierende und bereits seit Jahrzehnten subpolitisch dynamisierte (Zivilgesellschaft!) Demokratie hat sich dabei bisher nicht mit Ruhm bekleckert, sondern aus Sicht der Bewegung wohl ebenjene politisch-administrative Handlungsunfähigkeit unter Beweis gestellt, die Beck als »Stau« bezeichnete. Der zivilgesellschaftliche Aktivismus, für den letztlich auch FFF steht, wird also heute, so kann man den Gedanken weiterführen, durch seinen eigenen Erfolg frustriert, erscheinen die verfolgten Selbsterhaltungsziele doch von einer subpolitisch verstopften Demokratie nicht in der gebotenen Geschwindigkeit umsetzbar. Dies in Rechnung stellend, dürfte die positive Technokratie der neuen Klimaschutzbewegung nicht als Zeichen eines erwünschten Resonanzverhältnisses mit der Natur verstanden werden, das bei Hartmut Rosa unter dem Begriff des Mediopassivs gefasst wird,[47] sondern als Ausdruck einer Suche nach einem Beschleunigungsbegriff des Politischen im Zeichen einer als unhintergehbar erachteten Selbsterhaltungskrise. Ein positiver Begriff der Anpassung, dessen Konturen man den anthropologischen Imaginationen der Counterculture und der nüchternen Soziologie der Anomie entlehnen kann, wäre somit in der Gegenwart eingelassen in eine Konstellation, die nicht nur in ihrer *kulturellen Orientierung* von Selbstentfaltung auf Selbsterhaltung umstellt, sondern zudem die *gesellschaftlichen Regeln* des politischen Feldes durch eine Problematisierung demokratischer Praxis hinterfragt. Anpassung wäre Rebellion.

# 5. Kritikalität und Kritik – Avantgarden der Anpassung

Ohne Kollaboration sterben wir alle.
*Anna Lowenhaupt Tsing (2018)*[1]

Die *ökologische Kritik*, die auch von der neuen Klimabewegung entfaltet wird,[2] offenbart einige Sinnbezüge einer Lebensweise, die sich vom Problem der Selbsterhaltung her entwirft. Dabei steht sie in einer langen modernen Tradition von Artikulationen der Missbilligung gesellschaftlicher Verhältnisse. Die Wurzeln der modernen Kritik liegen dabei im 19. Jahrhundert und hängen eng mit den von der klassischen Wissenssoziologie identifizierten nativen Ideologien der Moderne zusammen.[3] Die sozialistische Bewegung diente als Sprachrohr einer *Sozialkritik*, deren Themen bis heute soziale Ungleichheit, Ausbeutung in kapitalistischen Arbeitsbeziehungen und Klassenherrschaft sind. Ihr normatives Fundament bildeten der Wert der Arbeit und das Streben nach sozialer Gleichheit in Wirtschaft und Gesellschaft. Die in ihrem Kern liberale *Künstlerkritik* nahm dagegen Anstoß an der Mittelmäßigkeit und Uniformität, der Entfremdung und herrschaftsförmigen Zurichtung des Subjekts in der Massengesellschaft, der sie Werte wie persönliche Autonomie und kulturelle Verfeinerung entgegenstellt. Die konservative Kritik wiederum stieß sich an Verelendung und den Folgen der Modernisierung für die moralische Konstitution von Gemeinschaften. Sie setzte auf die universelle Würde des Menschen, die wechselseitige Abhängigkeit sozialer Klassen und die moralischen Pflichten der Herrschenden.[4]

Für eine an gesellschaftlichen Transformationen interessierte Soziologie ist dabei von besonderer Bedeutung, dass gerade die Sozial- und die Künstlerkritik nicht auf den individuellen Alltag beschränkt blieben, sondern in Form kollektiver Formationen zu Stichwortgebern gesellschaftlicher Veränderungen wurden.[5] Vor allem im ökonomischen Feld stellten die von sozialen Bewegungen artikulierten Defizite, aber auch die von ihnen ins Spiel gebrachten Gegenmodelle eines guten Lebens eine Quelle der Inspiration und Erneuerung dar. Die Kritik wurde dabei immer wieder von kapitalistischen Institutionen aufgenommen und in einer Weise in ihre Praktiken integriert, die deren Stabilisierung diente. Die Sozialkritik der Arbeiterbewegung bildete, so betrachtet, den Ausgangspunkt eines »demokratischen Kapitalismus«,[6] der Beschäftigtenrechte, Arbeitsschutz und soziale Sicherheit im Rahmen industrieller Normalarbeitsverhältnisse etablierte und damit eine echte Revolution der sozialen und ökonomischen Verhältnisse verhinderte. Auch die ab den sechziger Jahren formulierte Künstlerkritik wurde, einer solchen Rekonstruktion folgend, von verschiedenen Institutionen sukzessive inkorporiert.[7] Dieser Kapitalismus vergrößerte in der Folge sein Angebot an individualisierten und kulturelle Einzigartigkeit vermittelnden Gütern. Der unbefristete Arbeitsvertrag, prägend für die institutionelle Form weitgehend standardisierter Lebensläufe, verlor dagegen an Bedeutung zugunsten einer projektförmigen Organisation von Arbeit und Leben, die es den Subjekten ermöglichte, sich immer neuen »Herausforderungen« zu stellen, statt in einer rationalen Bürokratie zu verstauben.

Die Inkorporierung der entsprechenden Vorwürfe und Wünsche, die »Rekuperation«[8] ihrer kreativen Energie sollte dabei Innovationen anstoßen, indem sie den kreativen Handlungsrahmen der Individuen erweiterte und ihre persönliche Verantwortung steigerte. Im Austausch von Künstlerkritik und kapitalistischen Institutionen entstand so ein »neuer Geist des Kapitalismus«, der Legitimität für die jeweilige ökonomisch-soziale Organisationsform der Gesellschaft stiftete.[9] Der Kapitalismus erwies sich auf diese Weise als ein höchst responsives System. Die Rekuperationszyklen der Sozial- wie auch der Künstlerkritik hatten dabei, zumindest teilweise, liberalisierende und demokratisierende Effekte auf den Kapitalismus und die bürgerliche Gesellschaft, indem zunächst soziale Rechte und anschließend individuelle Freiheiten gestärkt wurden.[10]

Die ökologische Kritik wiederum ist ein Kind des 20. Jahrhunderts. Als ein Deutungssystem, das die gegenwärtige Gesellschaft als Ursache der »Zerstörung von Zivilisation« versteht, ist ihr, wie am Beispiel der neuen Klimabewegung bereits exemplifiziert, eine fundamentale Abkehr von Ideen des Fortschritts zu eigen, die Sozial- und Künstlerkritik noch selbstbewusst zu reklamieren wussten. Anders als diese zeichnet sich die ökologische Kritik »im strengsten Sinne [zudem dadurch aus], dass sie keine Präferenz für ein bestimmtes politisches Modell zu haben scheint«.[11] Innerhalb ihres Spektrums sind Stimmen, die auf eine Demokratisierung der Ökonomie setzen, ebenso präsent wie solche, die sich nur von einer autoritären Transformation Chancen versprechen, die diagnostizierte Krise zu bewältigen. Anders als für ihre Vorgänger rekonstruierbar, sei es, so auch Chiapello, daher keineswegs ausgemacht, dass sich die ökologische Kritik in einen Pfad gesellschaftlicher Liberalisierung einfügen werde. Die im letzten Kapitel analysierte Praxis und Programmatik der neuen Klimabewegung wirken in der Tat wie Versuche, auf dem schmalen Grat zwischen Demokratisierung und Entdemokratisierung zu balancieren.

Strukturell lässt sich freilich noch ein weiterer Unterschied feststellen: Während die Sozial- und Künstlerkritik auf konkreten zeitgenössischen *Erfahrungen* und Problemen wie kapitalistischer Ausbeutung oder einer repressiven Sozialordnung aufbauten, ist die ökologische Kritik primär *erwartungsbasiert* und auf die Gewährleistung von Gegenwart gerichtet. Zwar kann man schon heute auch konkrete Phänomene der Klimakrise benennen, auf brennende Wälder, verstärkte Dürren oder steigende Meeresspiegel verweisen. Gleichwohl wirken diese Probleme verschwindend klein im Vergleich zu den prognostizierten Katastrophen und Anpassungskrisen der Zukunft, welche die neue Klimabewegung primär motivieren.

Eine Soziologie, die versucht, sich einen Begriff zu machen von der Kritik und den Vorstellungen gelingender Lebensführung, die eine adaptive Gesellschaft ausbilden könnte, täte folglich gut daran, den empirischen Blick jenseits ihrer reinen Antizipation zu weiten. Denn die Beobachtung einer *erfahrungsgesättigten Praxis* der Anpassung kann sie in die Lage versetzen, empirisch basierte Hypothesen nicht nur zur Programmatik, sondern auch zu den Kritiken und Gesellschaftsbildern zu formulieren, die sich aus einer radikal adaptiven Lebensweise ergeben. Damit stellt sich die Frage, wo heute Erfahrungen dieser Art gemacht werden – Erfahrungen, die den Blick freigeben auf die komplexen Praktiken der Selbsterhaltung und der adaptiven Mobilisierung.

## *Die Pandemie als Adaptionskrise*

Die Gesellschaften der Gegenwart haben die konkrete Erfahrung einer akuten Selbsterhaltungskrise und entsprechender adaptiver (De-)Mobilisierungen gerade hautnah gemacht. Als im Frühjahr 2020 auch in den hoch entwickelten Ökonomien des globalen Westens die Erkenntnis reifte, dass es sich bei Covid-19, anders als bei SARS (2002/03) und mehreren Ebola-Ausbrüchen in der Demokratischen Republik

Kongo, in Uganda (insbesondere in den Jahren 2018-20) und Westafrika (2014-16), nicht um ein regional begrenzbares Phänomen, sondern um eine globale Pandemie handelte, entspann sich eine Kaskade von Adaptionspraktiken, die, um die beiden zentralen Dimensionen gesellschaftlicher Anpassung aufzugreifen, die Hierarchie kultureller Werte und die als legitim geltenden gesellschaftlichen Mittel gleichermaßen tangierte.

Als in China die Millionenstadt Wuhan abgeriegelt und ihre Bewohnerinnen und Bewohner in den ersten Lockdown geschickt wurden, schien man es in liberalen Demokratien wie der Bundesrepublik zum Teil für unvorstellbar zu halten, dass man den Bürge-r:innen dieser Länder Ähnliches zumuten würde. Radikale Freiheitsbeschränkungen für Millionen von Menschen, ohne demokratischen Prozess autoritär durchgesetzt und rigide kontrolliert, wurden in der Öffentlichkeit teils empört zur Kenntnis genommen. Auch zynischere Betrachtungen waren im Spiel: Wäre es vorstellbar, dass kapitalistische Gesellschaften das Leben vergleichsweise weniger und noch dazu meist alter oder vorerkrankter Menschen[12] höher gewichten würden als den Weiterbetrieb der Wirtschaft? Bezog der kapitalistische Staat seine Legitimität nicht primär aus der Gewährleistung wirtschaftlichen Wachstums? Hatte sich diese Ausrichtung nicht in Jahrzehnten neoliberaler Restrukturierung in alle Poren der Gesellschaft und bis hinein in die subjektiven Wertbezüge der Bürger gefressen? Egal, ob man die vorherrschenden Wertorientierungen also mit bürgerlichen Freiheitsrechten oder mit kapitalistischer Profitorientierung identifizierte, der erste Lockdown im März 2020 suspendierte beide Aspekte zugunsten einer zunächst bedingungslosen Orientierung am Schutz von Leben.

Auch zuvor verschriene Mittel waren unter akutem Krisen- und Anpassungsdruck plötzlich opportun, diverse Regeln wurden geändert, Milliarden öffentlicher Gelder in die Wirtschaft gepumpt, die Rechte von Arbeitgebern durch Verordnungen zum Homeoffice[13] und später durch Obergrenzen für die Belegung von Büroflächen eingeschränkt. Ein gigantisches Experiment der adaptiven Neusortierung begann: Nationale Grenzen, deren problemloses Überschreiten für die privilegierten Bürger:innen des globalen Nordens selbstverständlich geworden war, wurden in einem abrupten Rückzug aus der Globalisierung geschlossen.[14] War in Europa kurz zuvor die Implementierung digitaler Technologien zur Überwachung von Bewegungen und Kontakten durch digitale Konzerne noch Anlass politischer Empörung, entspann sich nun ein regelrechtes Wettrennen zwischen Staaten und Unternehmen hinsichtlich öffentlicher Anwendungen zur digitalen Kontaktverfolgung. Auf individueller Ebene schlugen sich diese kollektiven Neuordnungen in alltäglichen Anpassungszwängen nieder: Eltern standen bei suspendierter Anwesenheitspflicht in Schulen zeitweise vor der Wahl, ob sie ihre Kinder dem Risiko eines Schulbesuchs aussetzen oder ob deren Bildung zugunsten der Risikovermeidung pausieren sollte. Studierende konnten monatelang keine Universität betreten. Bewohner von Pflegeeinrichtungen sollten diese nach Möglichkeit nicht mehr verlassen, während der Besuch durch Angehörige und Bekannte verboten wurde. Soziale Kontakte wurden also neuen gesellschaftlichen Regeln unterworfen, wobei individuelle und kollektive Krisenanpassung nicht voneinander zu trennen waren.

Die Pandemie lässt sich also als eine Generalprobe für zukünftige Adaptionskrisen verstehen. Sie liefert Anschauungsmaterial dafür, wie zeitgenössische Gesellschaften auf akute Krisen reagieren,[15] und ist konkreter Ausdruck der sozialen Folgen des ökologischen Notstands.[16] Sie stellt Selbsterhaltung unmittelbar in den Mittelpunkt und bildet ein globales Phänomen gesellschaftlicher Selbstgefährdung,[17] wodurch sie einige strukturelle Ähnlichkeiten mit klimawandelinduzierten Krisen aufweist. Hierzu gehört auch, dass Virus und Klimakrise gesellschaftlichen Ursprungs sind, Gesellschaften allerdings zugleich vor das Problem stellen, dass sie zwar prinzipiell zu verhindern gewesen wären, einstweilen aber nicht mehr zum Verschwinden gebracht werden können und daher mit Anpassungszwängen verbunden sind.

Dabei ist es kein Zufall, dass soziale Infrastrukturen zum Epizentrum dieser Anpassungsleistungen geworden sind.[18] Infrastrukturen gewährleisten basale gesellschaftliche Funktionen. Verkehrs- und Kommunikationsnetzwerke sichern den Austausch von

Informationen und die Versorgung mit Gütern, in öffentlichen Infrastrukturen finden Sozialisations- und Bildungsprozesse statt, und im Gesundheitswesen wird gerettet, geheilt und wiederhergestellt. Wir haben es mit einem Feld der *Kritikalität* in Bezug auf die Reproduktion der Gesellschaft zu tun, mit Prozessen, ohne die Gesellschaften schlicht nicht langfristig funktionieren können, weil diese *kritisch* für ihr Fortbestehen sind. Geht es um ihren Erhalt, ist dies unweigerlich eine Frage der betreffenden Infrastrukturen.[19] Denn als »soziale Ordnungsdienste« sind diese nicht nur das Produkt gesellschaftlicher Koordination, sondern zudem Ausdruck normativer Priorisierungen, die sie zu entscheidenden Orten der Krisenabsorption und -adaption machen.[20] Die Umstellung auf digitale Kommunikation war beispielsweise die Voraussetzung einer Anpassung der gesellschaftlichen Arbeitsteilung, die Verfügbarkeit von Betten auf Intensivstationen oder das Ausrollen der Impf-Infrastruktur definierten die materiellen Spielräume des Gesundheitsmanagements. Infrastrukturen sichern also kollektive Anpassung. Im Krisenfall müssen sie hierfür eine gewisse Belastbarkeit und Elastizität mitbringen. Gerade dann verlangen sie auch den dort Beschäftigten besondere Anpassungsleistungen ab, Leistungen, die selbst die Grundlage *gesellschaftlicher* Adaption bilden.

Nicht zufällig hat die Gesellschaft selbst in ihren kriseninduzierten Ad-hoc-Priorisierungen daher eigene Kategorien hervorgebracht, die die Unverzichtbarkeit der betreffenden Tätigkeitsfelder anerkannten und dadurch eine Neuverteilung gesellschaftlicher Anrechte und Verpflichtungen entlang von Fragen der Reproduktions-, also Selbsterhaltungsrelevanz vollzogen. Interessiert man sich nicht nur für erwartungsbasierte, sondern erfahrungsgesättigte Sinnbezüge in Kontexten gesellschaftlicher Anpassung, gerät daher unweigerlich die Frage der normativen Positionierung jener Gruppen in den Fokus, die in den betreffenden kritischen Infrastrukturen tätig sind. Als Kritik erfahrener Adaptionszwänge projizieren sie in ihren Referenzen, in ihren explizit und implizit geäußerten Wünschen zudem das Gegenbild einer guten Gesellschaft, die sich infolge einer erfolgreichen Bearbeitung der betreffenden Selbsterhaltungsprobleme ergeben könnte und eine subjektiv gelingende Lebensführung ermöglichen soll.

Die folgenden Ausführungen zur während heißer Phasen der Pandemie geäußerten Kritik und den im Feld systemrelevanter Beschäftigung vorfindbaren Gesellschaftsbildern basieren auf einem Forschungsprojekt, bei dem Studierende über einen Zeitraum von mehr als einem Jahr 79 narrative Interviews mit systemrelevanten Beschäftigten aus den Feldern Gesundheit, Bildung/Erziehung, Sicherheit sowie materielle Infrastrukturen führten und auswerteten. Es handelt sich bei den Interpretationen dieser Empirie notwendigerweise um explorative Erkundungen, die auf die Bildung theoretischer Hypothesen zielen, ohne einen Anspruch auf Repräsentativität zu erheben.

Generalisierende Aussagen haben daher lediglich einen tentativen Charakter.[21] Die Darstellung beginnt mit einigen das Feld prägenden strukturellen Rahmenbedingungen, es folgt eine grobe Analyse der in den Interviews auftauchenden geteilten Deutungsmuster und Beschreibungen, die fast durchgehend hohe Belastungen, eine dichotom gespaltene Sozialordnung, aber auch eine besondere Sinnhaftigkeit der eigenen Arbeit zum Thema machen, deren positive Bewertung vor allem mit gelingenden Kooperationserfahrungen verbunden wird. Im Anschluss daran widme ich mich einer typologischen Darstellung der im Feld vorgefundenen Gesellschaftskritik, die sich insbesondere auf drei Punkte bezieht: eine Narzissmus prämierende Kultur, eine ausschließlich profitorientierte Wirtschaftsweise und eine handlungsunfähige, schwache Staatlichkeit. Vor diesem Hintergrund analysiere ich die von den Gesprächspartner:innen artikulierten Gegenmodelle einer guten Gesellschaft. Im Feld bilden dabei der Wunsch nach einer ökonomisch nivellierten Sozialstruktur, nach funktionierenden Kompetenz- und Verantwortungshierarchien sowie nach vertikaler Autorität, die forderungsfreie Zeit ermöglichen soll, die stärksten Motive. Abschließend geht es um die in diesen Kritiken und Visionen implizierten Perspektiven auf den politischen Raum, die interessante Parallelen zur von der neuen Klimabewegung artikulierten ökologischen Kritik aufweisen.

Befasst man sich mit den Deutungen, die im Kontext der Pandemie aus dem Kritikalitätsfeld artikuliert werden, sind zunächst spezifische Rahmenbedingungen festzuhalten, die dieses Feld prägen und daher den Hintergrund der dort artikulierten Einschätzungen bilden. So haben wir es in Deutschland in den betreffenden Bereichen mit Arbeitsfeldern zu tun, die politisch als »kritische Infrastrukturen« definiert sind und deren Aufgabe auf Bundesebene als »Sicherstellung der Versorgung der Bevölkerung mit wichtigen, teils lebensnotwendigen Gütern und Dienstleistungen« definiert wird.[22] Dazu zählen

> insbesondere der Gesundheitssektor, die Grund- und Lebensmittelversorgung, die öffentliche Verwaltung, die Verkehrs- und IT-Infrastruktur, Sozialarbeits- und Erziehungsberufe, Reinigungs-, Hygiene- und Entsorgungsberufe, der Brand- und Arbeitsschutz sowie Berufe im Bereich der inneren Sicherheit [...].[23]

Statistische Vermessungen der betreffenden Gruppe belegen insgesamt ein unterdurchschnittliches Berufsprestige in der Hierarchie gesellschaftlicher Anerkennung, das mit einer unterdurchschnittlichen Entlohnung sowie weiteren Benachteiligungen einhergeht.[24] Es handelt sich zudem vielfach, aber nicht exklusiv um traditionell weiblich geprägte Tätigkeitsfelder, in denen schon unter Normalbedingungen oft erheblicher Kostendruck und in der Folge eine hohe Arbeitsintensität herrscht.[25] Allerdings sind die entsprechenden Felder sozial durchaus heterogen. Im Gesundheitssystem beispielsweise arbeiten sowohl Pflegekräfte als auch Ärztinnen und Ärzte; Berufsfelder wie die Polizei sind nach wie vor überdurchschnittlich männlich geprägt.[26]

Im Zeichen der Pandemie – und, folgt man den einschlägigen soziologischen Befunden, bereits vor Covid-19 – ist das Feld von strukturellen *Überforderungskonflikten* geprägt. Gerade in stark krisenexponierten Bereichen wie dem Pflege- und Gesundheitssystem sowie bei der Polizei beklagen viele Beschäftigte enorme Belastungen und teils regelmäßige Erschöpfungszusammenbrüche gerade in heißen Phasen der Pandemie. Eine Krankenpflegerin gibt beispielsweise im Sommer 2021 im Rückblick auf das dynamische Pandemiegeschehen des Frühjahrs emotionale Erschöpfung zu Protokoll: »Wir machen uns echt fertig auf Arbeit, und wir gehen da echt jeden Tag hin, und ich habe teilweise während der Pandemie vor der Arbeit echt geweint, weil ich echt teilweise so fertig war mit den Nerven.«

Häufig werden derartige Erfahrungen lediglich als Radikalisierung bereits bestehender Belastungen beschrieben, die sich gerade im Gesundheitssystem, in der Pflege oder bei der Polizei aus einem chronischen Kosten- und Personaldruck ergeben:

> Die meisten Pflegekräfte im Haus sind schon sehr überarbeitet. Das merkt man jetzt gerade: Nach der Coronazeit ist es schlimmer geworden. […] Manche Kollegen müssen sieben, acht, neun Tage hintereinander arbeiten. Da sind die natürlich auch irgendwann fertig. Gerade wenn sie Nacht-

> dienste oder mehrere Frühdienste haben. […] Viele haben gesagt, dass die Pflege mehr Unterstützung bekommen sollte, aber wirklich Unterstützung haben sie nicht bekommen. Die Krankenhäuser haben Unterstützung bekommen, aber die Pflegekräfte nicht […],

vermerkt ein Krankenpfleger. Seine Erfahrungen im Krankenhaus spiegeln sich in allgemeineren Deutungen der gesellschaftlichen Verhältnisse, die er als gespalten und von Übervorteilungen geprägt erlebt:

> Gerade Großunternehmen wie Amazon haben auf jeden Fall sehr, sehr große Gewinne gemacht und sind da siegreich rausgegangen. Apotheken sind siegreich rausgegangen. Viele Krankenhäuser sind auch siegreich rausgegangen. […] Verlierer sind halt wirklich kleinere Unternehmen gewesen und Menschen, die wirklich auf Minijobs angewiesen sind. […] Große Firmen, so was wie Lufthansa, so was wie BMW, die haben halt sehr viel Macht, und die Regierung lässt sich halt sehr gerne dadurch manipulieren. Es gibt, wie ich finde, nicht wirklich viele Politiker, die noch für das Volk arbeiten.

Wie er deuten auffallend viele systemrelevante Beschäftigte ihre strukturellen Überforderungen als Ausdruck einer *dichotomen Sozialordnung*, in der ihre und die Interessen ihresgleichen politisch nicht repräsentiert werden. Insbesondere von jenen Beschäftigten, die in den jeweiligen betrieblichen Hierarchien mittlere oder niedrigere Positionen bekleiden, wird die eigene Stellung in der Gesellschaft als machtlos erlebt. Ob Arbeitsstätte, soziale Ungleichheit, Wirtschaft oder politisches Feld – die sozialen Verhältnisse sortieren sich in ihrer Wahrnehmung zwischen Kleinen und Großen, Mächtigen und Machtlosen. Dabei ist selten eine grundsätzliche Kritik gesellschaftlicher Hierarchien anzutreffen. Vielmehr dominiert ein Bewusstsein für die grundsätzliche Funktionalität hierarchischer Ordnung, die den Beschäftigten aus ihren jeweiligen Arbeitssituationen vertraut ist. Eine spezifische *Kontaktlosigkeit*, ja *Entfremdung* zwischen oben und unten wird aber durchaus artikuliert, und zwar sowohl hinsichtlich der eigenen Lage als auch als Kennzeichen der Gesellschaft im Allgemeinen. Die Leiterin einer psychiatrischen Akutstation vermerkt beispielsweise spezifische Überforderungen im Bereich sozialer Infrastrukturen, registriert aber auch eine massive Belastung anderer Bürgerinnen und Bürger, mit denen sie sich im Grunde im selben Boot wähnt. Sie begründet dies, durchaus typisch für das Feld, mit einer Entfremdung der herrschenden Eliten:

> Die Lasten getragen haben wieder viel die Kleinen. Die Systemrelevanten. [...] Ich glaube, auch Homeoffice ist was ganz Furchtbares mit Kindern zu Hause. [...] Und die Gewinner sind wahrscheinlich wieder die, die dann Masken produziert haben, sich untereinander zugeschachert oder keine Ahnung, irgendwelche lustigen Desinfektionsmittel ... [...] Ich glaube, die kommen vor Lachen nicht mehr in den Schlaf. Auch die Angestellten, nicht die Eigner, die haben doppelt so viel gearbeitet. Wahrscheinlich haben sie mal einen Bonus gekriegt, damit sie die Gosche halten, aber ich glaube, grundsätzlich haben

> sie die auch ganz schön ausgelutscht, so wie immer. […] Ich weiß auch manchmal gar nicht mehr, um was es den Leuten da oben geht. Es geht [ihnen] auf jeden Fall nicht um uns. Das ist sehr frustrierend. […] Es geht nicht mehr um uns Bürger, darum, dass das Beste für uns rausgeholt wird, so empfinde ich das nicht. […] Da ist doch kein Politiker mit Charisma, keiner, der auch tatsächlich an die jungen Leute denkt, an die Kinder, an die Schüler, an alle Leute, die arm sind, an Leute, die krank sind.

Die Pandemie wird als Verstärker dieser Entwicklungen betrachtet und im dichotomen Muster als Treiber eines weiterwachsenden Abstands zwischen oben und unten interpretiert. Nicht in den Sinn kommt den meisten Beschäftigten freilich, sich ihren Aufgaben zu entziehen – nicht, weil sie diese obrigkeitshörig als unhintergehbare Pflichten betrachten, sondern weil sie die Tätigkeiten selbst, Ausbeutung und Überforderung zum Trotz, als gesellschaftliche Praktiken deuten, die Sinn und Zweck haben. Der subjektive Wert der eigenen Arbeit speist sich dabei vor allem aus deren Eingelassenheit in solidarische Mikromilieus und sinnhafte soziale Interaktionen. Das Ausbleiben einer grundsätzlichen Kritik an gesellschaftlichen Hierarchien erklärt sich aus dem Umstand, dass klare Weisungsbeziehungen in der alltäglichen Arbeitspraxis als notwendige Bedingung gelingender Kooperation erfahren werden. In Gesprächen mit Polizist:innen ist beispielsweise gelegentlich von einem »Leben in der Lage« die Rede. Die Formulierung ist für sich bereits vielsagend, würde man doch eigentlich erwarten, dass sich die betreffenden Ordnungshüter:innen bevorzugt »vor der Lage«, also in einer Position der Kontrolle über die jeweiligen Ereignisse befinden möchten. Stattdessen, so kann man vermuten, artikuliert sich hier wiederum eine gegenwartsfixierte Zeitorientierung, wie wir sie als Kennzeichen adaptiver Praxis erschlossen haben: Wer »in der Lage« lebt, fällt zumindest nicht hinter die jeweiligen Ereignisse zurück, sondern bleibt auf der Höhe der Situation, erhält sich also Möglichkeiten, Handlungsfähigkeit und Selbstwirksamkeit zu erfahren.

In den Interviews umschreiben die Polizist:innen mit dieser Formel vor allem das Gefühl der Einheit mit ihrer Tätigkeit, ihren Kollegen und Kolleginnen und zum Teil mit einem bestimmten Spektrum der Bevölkerung. Entsprechend problematisch ist für sie das Gefühl, diese Nestwärme zu verlieren. Ein Polizist etwa, der als Stadtrat für die CDU aktiv ist, zeigt sich sichtlich enttäuscht von Erfahrungen, die er als Entfremdung eines eigentlich zum eigenen Lager gehörenden Milieus deutet:

> [Anfeindungen] kamen früher eher so aus dem ganz extrem linken Lager. Da konnte man zumindest im bürgerlichen Bereich noch vernünftig reden. [...] Und jetzt plötzlich ist das bürgerliche Lager oder das bürgerliche rechte Lager auch bereit, davon auszugehen, dass die Polizei Polizeigewalt ausübt [...]. Wo früher das konservativ rechte Lager gesagt hat, bei linken Demos »löst ihr auf, notfalls mit Gewalt, das sind totale Chaoten«, läuft es jetzt grad andersrum. Es hat sich jetzt genau ins Gegenteil verkehrt. Aber

> der Buhmann bleibt die Polizei. Das ist die einzige Konstante, die da drin ist. [Lacht] Ich glaube, das ist für viele Kollegen schon echt eine Belastung. [...] Die [Querdenker] meinen, sie haben das Recht zu demonstrieren, egal wie, egal zu welchem Preis. Das Irre ist halt, dass das früher die Law-and-Order-Menschen waren, denen jetzt Law-and-Order egal ist.

Wie die Kritik an ausbeuterischen Arbeitsverhältnissen und an der fatalen Ausrichtung der Bereitstellung öffentlicher Güter auf Profite wird die Anfeindung aus ehemals vertrauten sozialen Milieus zwar als ungerecht und enttäuschend erlebt. Zugleich stärkt diese Erfahrung aber auch den inneren Zusammenhalt der betreffenden Gruppen, in denen man sich auf Kolleginnen und Kollegen der gleichen Hierarchiestufe verlassen kann. Die Autonomie der Teams, jener Personen, auf deren Kooperation man angewiesen ist, ist daher zentrale Quelle der Sinnstiftung durch Arbeit. Man betrachtet, wie der Leiter einer niedersächsischen Palliativstation, die Kolleginnen und Kollegen als »enge Partner«, mit denen man »alles teilt«, oder weist, wie ein junger Polizist aus Frankfurt, stolz darauf hin, dass die Kollegen »füreinander sterben« würden.

Diese innere Verbindlichkeit ist nicht grundsätzlich auf äußere Anfeindungen angewiesen, um sich zu stabilisieren, sondern speist sich aus der gemeinsamen Bewältigung der tatsächlich oft nur schwer zu stemmender Aufgaben. Interventionen in die Autonomie der Gruppen – sei es durch Eingriffe in die Finanzierung ihrer Institution, sei es durch Vorgesetzte, die nicht zum Team gehören, oder durch administrative Regelungen, die im Rahmen der Pandemie von der Politik erlassen wurden – werden allerdings in aller Regel nachdrücklich problematisiert. Es herrscht ein hohes Vertrauen in die eigenen Kompetenzen und meist auch in die der Kolleg:innen. Dieses Vertrauen erwirbt, wer es schafft, zu bleiben und den strukturellen Überforderungen des Berufsfeldes zu trotzen, wer sich durch einen *grundständigen Pragmatismus* als Virtuose der Anpassung erweist.

Die im Feld äußerst virulente *Kritik* an den bestehenden Verhältnissen geht, wie bereits erwähnt, weit über den eigenen Arbeitsbereich hinaus, der freilich dennoch häufig den Hintergrund für die kritischen Reflexionen der Gesamtsituation bildet. Insbesondere drei miteinander verbundene Motive treten dabei in allen untersuchten Tätigkeitsfeldern als zentral für die dort vorfindbaren Gesellschaftsbilder hervor: eine *Kulturkritik* der wahlweise als egoistisch oder narzisstisch beschriebenen Gesellschaft, eine *Ökonomiekritik* der profitorientierten Wirtschaftsweise sowie eine *Politikkritik* schwacher, inkompetenter Staatlichkeit.

Systemrelevante sind Gesellschaftsmenschen, die sich ihrer Bedeutung für die Reproduktion der modernen Lebensweise meist nachdrücklich bewusst sind und diese Funktion selbstbewusst benennen. Gleichzeitig steht diese Positionierung in krassem Gegensatz zur wahrgenommenen Entwicklung ebenjener Gesellschaft, die sie reproduzieren und im beruflichen Nahbereich als Quelle solidarischer Integration erfahren. Denn diese gilt ihnen als grundsätzlich bedroht. Als Quelle ihrer Gefährdung wird in übergeordneten Deutungen ein die Gesellschaft bis in ihre Poren prägender Egoismus benannt. Dieser wird zwar häufig wirtschaftlichen und politischen Eliten zugeschrieben, gilt aber als allgemeine Triebkraft einer sozialen Entwicklung zum Schlechteren. Ein Krankenpfleger etwa sieht ihn als größtes Problem der Gesellschaft:

> Dieses sehr narzisstische Denken. Dieses sehr narzisstische Weltbild. Alle denken halt nur noch an sich selber. Alle denken, sie wären die Größten, sie wären die Stärksten. Es wird immer weniger miteinander gearbeitet. Wenn man irgendwelche Leute verarschen kann, ausnehmen kann, werden sie ausgenommen, werden die verarscht. [...] Was ich heute schon gesagt habe, dieser große Riss in der Gesellschaft ist halt auch ein sehr großer Punkt. Diese Streitigkeit, diese große Uneinigkeit.

Was hier als *Narzissmus* tituliert wird, meint vor allem rücksichtslose Selbstdurchsetzung auf der Basis einer übersteigerten Ich-Wahrnehmung. Offensichtlich werden wiederum die eigene Machtlosigkeit und das Gefühl des Kontrollverlusts, welchen jene erleben, die ihrer eigenen Perzeption nach funktionale Hierarchien akzeptieren, Belastungen ertragen und auf Basis ihrer Erfahrungen ein realistisches Bild der moralischen Größe und des satisfaktionsfähigen

Geltungsanspruchs der Einzelnen haben. Hinter Illustrationen radikaler Selbstentfaltung wittern sie Versuche der Übervorteilung und Manipulation. Ein Lehrer beispielsweise macht sich Gedanken über soziale Ungleichheit und deren herrschaftsstabilisierende Funktion:

> Man kann sehen, dass irgendwie Richard Branson ins All fliegt, weil er nicht mehr weiß, was er machen soll. Ja, irgendwie, weil ihm langweilig ist oder was auch immer, startet er irgendwie einen Wettlauf mit den beiden anderen reichen Vögeln. Und auf einer anderen Seite sitzt du irgendwie zu Hause und kannst dir das angucken und denkst, geil, Brot und Spiele. Du sollst damit beruhigt werden.

Eine Psychologin sieht falsche Sinnorientierungen als zentrales Problem und erkennt widersprüchliche Subjektivierungsansprüche in den angestrebten Zielen persönlicher Entwicklung:

> [F]ür junge Menschen spielt zum Beispiel das mit Geld noch mal eine ganz andere Rolle, ich weiß nicht, ob ich das falsch wahrnehme, als bei Älteren. Es gibt auch irgendwie so viele junge Millionäre wie noch nie oder so was. […] Also irgendwo wollen alle Individualisten sein, aber irgendwo wollen ja auch alle zu den Besten, zu den Guten, zu den Tollen, zu den Perfekten dazugehören, genau. Und ich glaube, das ist ein ganz großes Problem.

Das Streben nach Singularität, welche von der Gesellschaft prämiert wird, ist in ihren Augen eigentlich gerade kein Programm einer auf Autonomie ausgerichteten Persönlichkeitsentwicklung, sondern der

Versuch, einem kulturellen Ideal zu entsprechen, dem schon aus arithmetischen Gründen nur wenige entsprechen können. Es könnten, so die Psychologin, schließlich nicht alle die »Besten« sein. Die kulturellen Sinnangebote der Gesellschaft führten folglich in eine falsche Richtung, die zwar zu Wettbewerb und Egoismus ermuntere, aber so eben notgedrungen primär subjektive Enttäuschungen produziere.

Wie diese Zitate bereits nahelegen, ist die im Feld geäußerte Sozialkritik vielfach unterfüttert mit einer teils diffusen, gelegentlich aber auch recht präzise formulierten *Kapitalismuskritik*, die sich zugleich auf die Demokratie richtet, die man für unfähig hält, dem Egoismus gesellschaftlicher Eliten Einhalt zu gebieten. Auf die Frage nach den Lehren, die man aus der Pandemie ziehen sollte, antwortet eine angehende Ärztin etwa unumwunden: »Dass Kapitalismus nicht funktioniert!« Sie lacht laut und fügt erklärend hinzu:

> Das, finde ich, hat man sehr gut gesehen: dass unser Schulsystem ziemlich unfair ist. Dass insgesamt eigentlich Gesundheit keine Ware ist, die man wirtschaftlich gestalten sollte, sondern etwas, das jedem zustehen sollte, und das unabhängig von wirtschaftlichen Zwängen. [...] Ohne diese kapitalistischen Zwänge hätte man ja im Krankenhaus erst mal gar nicht diesen Druck, wirtschaftlich zu handeln. Man hätte nicht diesen Druck, Patienten nach Schema abzufertigen und ihn dann schnell wieder heimzuschicken. Man hätte auch in den ganz normalen Hausarztpraxen diesen Druck nicht. Man könnte ohne diese kapitalistischen

> Zwänge dafür sorgen, dass Menschen ein angenehmes Arbeitsumfeld haben. Man könnte einfach sagen: »Wir machen jetzt mal nicht 120, sondern einfach nur 100 Prozent.« [...] Das würde einiges verbessern.

Was nach radikaler Systemkritik klingt, ist bei näherem Hinsehen vor allem eine Verteidigung der eigenen Kompetenzfelder, die als öffentliche Güter kapitalistischer Verwertung entzogen bleiben sollen. Selten werden fundamentale Einwände in den Gesprächen so klar, direkt und umfassend auf das kapitalistische Wirtschaftssystem bezogen. Allerdings herrscht im Allgemeinen ein waches Bewusstsein für Benachteiligungen und Ausbeutungszusammenhänge, die sozialer Gerechtigkeit und gesellschaftlichem Zusammenhalt im Weg stehen und vor dem Hintergrund eines Anspruchs auf Fairness kritisiert werden.

Entgegengesetzt wird der mal als rücksichtslos und manipulativ, mal als verblendet empfundenen Selbstentfaltungsprogrammatik eine Ethik des Kleinen, Redlichen und Authentischen, die das eigene Lebensmodell im Vergleich zum wahrgenommenen gesellschaftlichen Egoismus aufwertet. Die *Kulturkritik* wiegt hier meist schwerer als die materialistisch ausgerichtete Kapitalismuskritik. Selbstverwirklichungswünsche werden als essenzieller Bestandteil der Mehrheitskultur wahrgenommen, die auf eine als falsch und schal erachtete Suggestion des gelingenden Lebens ausgerichtet sei, der die anderen aber »irgendwie« nicht entkommen könnten. Eine bayerische Polizistin berichtet:

> Keiner traut sich, da mal irgendwie was zurückzustecken und einzustecken. Das ist wieder dieser Egoismus in der Gesellschaft. Jeder möchte reisen und fliegen, ständig und egal wo man hinmöchte, frei sein, was man ja auch verstehen kann irgendwo. [...] Ich glaube, man kann auch anders glücklich werden, aber das schaffen viele Menschen irgendwie nicht, irgendwie mal anders zu denken.

Die Verblendung der anderen adelt in diesen Beschreibungen das eigene Opfer und eine Lebensweise, die Sinn und Wert nicht primär aus der Entfaltung und Darstellung von Besonderheit,[27] sondern aus Verzicht, Verbundenheit und einer Besinnung auf gemeinschaftliche Werte gewinnt. Die Erfahrungen der Pandemie bestätigen beispielsweise eine andere Polizistin in ihrer Grundwahrnehmung, der zufolge Kultur- und Selbstentfaltungsindustrien tatsächlich von den entscheidenden Fragen des Lebens ablenken. Mehr noch: Die kulturellen Singularisierungsangebote der Gesellschaft erzeugen in ihren Augen »unfertige« Subjekte, denen basale menschliche Fähigkeiten verloren gegangen sind. Die Reduktion kulturindustrieller Angebote während der Pandemie ermöglichte in ihren Augen eine Besinnung auf verschüttete Kompetenzen einer authentischen Sinnorientierung, denen oft ein ludisches Element innewohnt:

> Es wurde für mich einfach nur bestätigt, dass halt auch viele Leute viel zu viel Stress mit sich machen, dass sie viel zu viel auf so materialistische Dinge angewiesen sind und dass viele sich selbst gar nicht richtig beschäftigen können und so unfertig geworden sind. Also dieses, was man als Kind

> gemacht hat, dieses einfach mal irgendwelche Sachen ausdenken, die man spielen kann, einfach machen. Als Kind ist man einfach auf den Baum und hatte trotzdem Spaß. Ich glaube, vielen Menschen fehlt das. Die sind einfach auf Dinge angewiesen wie Bars, Cafés, Diskos, was natürlich immer mal wieder auch schön ist, aber die sind komplett davon abhängig, meiner Meinung nach. Und vielleicht könnte so jeder andere für sich auch entdecken, wie man sich auch anders die Zeit vertreiben kann [...], und auf diese Grundwerte vielleicht wieder zurückzuschauen. Was ist wirklich wichtig?

In dieser Passage scheint eine spezifische, bescheidene Perspektive der Freiheit auf, die von vielen systemrelevanten Beschäftigten ganz ähnlich artikuliert wird: Einfach, uneitel, innerlich souverän – das sind Merkmale einer »reifen« Selbstpositionierung, mit der man zugleich in der Lage ist, Verantwortung für sich und andere zu übernehmen und die keineswegs nur als normative Orientierung artikuliert wird, sondern deskriptiv als zentrale Leitlinie der eigenen Praxis. In den betreffenden Vorstellungen sind Situationen der Freiheit dabei meist mit Momenten der Zeitsouveränität assoziiert, mit Situationen der Freiheit von Überforderung: als Kind auf dem Baum, auf der eigenen Terrasse mit Blick in den Garten, am Hantelbarren mit dem besten Freund oder in konzentrierter Interaktion mit dem eigenen Nachwuchs. Das ist ihnen – nicht zuletzt im Zeichen virulenter Überforderungskonflikte – »wirklich wichtig«.

Es handelt sich bei diesen Praktiken aus Sicht der

Befragten freilich keineswegs um in der Regel erfolgreich gelebte Realitäten, um das Glück im Kleinen, das von den Problemen des Großen unberührt bliebe. Vielmehr sind die entsprechenden Erfahrungen gerade in der pandemischen Anpassungskrise äußerst rar. Vor allem aber ist die angestrebte Lebensweise eben durch jene gesellschaftlichen Verhältnisse bedroht, in denen positive Selbstwirksamkeitserfahrungen von Erschöpfung, Anfeindungen und Übervorteilungen überschattet werden. Der aus Sicht der Systemrelevanten kulturprägende Egoismus der Mehrheitsgesellschaft liefert dabei eine umfassende Erklärung der eigenen Machtlosigkeit und der mangelnden politischen Repräsentation. Lebens*führung* ist unter dieser Perspektive geradezu prinzipiell nur im Kleinen möglich, in solidarischen Mikromilieus, wie sie in der Arbeit oder in der Familie zu finden sind. Kompetenz, Authentizität und Überschaubarkeit bilden die Leitlinien adaptiver Lebensführung im Feld.

Eine Konsequenz dieser Haltung ist, dass die kritisierten Verhältnisse – so sie denn in der beschriebenen Weise real sind – durch diese Deutungen nachhaltig stabilisiert werden. Die Erklärung der eigenen Machtlosigkeit als Effekt eines in die Grundfesten der Kultur eingeschriebenen Egoismus sorgt dafür, dass man sich kaum eine Gesellschaft vorstellen kann, die von diesem Pfad abweicht, geschweige denn, dass man selbst auf sie Einfluss nehmen kann. Stattdessen dominieren in den Zukunftsvorstellungen Visionen einer Radikalisierung der benannten kulturellen Prägung. Die Mitarbeiterin einer Krisenberatungsstelle geht beispielsweise von einer weiteren Zuspitzung negativer Individualisierungstendenzen aus, die sie mit der Durchsetzung kapitalistischer Imperative assoziiert, die allerdings sogleich wieder der kulturellen Basis der Gesellschaft zugeschlagen werden:

> Ich glaube, das wird immer schlimmer werden. Vor allem dieses Kapitalistische wird schlimmer werden. Das Egozentrische, Egoistische wird immer mehr werden, ähm, und das wird halt immer mehr dieses Gefühl, etwas Besonderes zu sein, ich muss besser sein, das wird immer mehr: Diese Tendenz zum Perfektionismus. [...] Also keiner wird sich mehr für den anderen interessieren. Ich glaube es eher so, dass halt jeder in so Subgemeinschaften [sein wird], aber ich glaube, wenn man das große Ganze schaut, wird jeder einfach darauf achten, wie kann ich möglichst alles möglichst Beste aus mir rausholen, ohne Rücksicht auf Verluste. Und dieses ohne Rücksicht auf Verluste zeigt sich einfach darin: Wie kann ich auch anderen schaden, scheißegal. Ähm, also das halt dieses Egoistische immer, immer größer wird, und ich will halt nicht sagen, dass die Menschheit, dass alle Menschen Narzissten oder sonst irgendwas werden. Aber [...] sie müssen ja immer so denken: Wie kann ich dann am besten mehr, ganz, ganz viel Neues aus mir rausholen.

Die in diesen Passagen geäußerte Kritik an den virulenten urmodernen Perfektionierungszwängen (Fortschritt!) muss man als Prognose eines schleichenden Kulturverfalls interpretieren. Viele Beschäftigte hegen freilich weit drastischere Erwartungen beziehungsweise Befürchtungen. Denn der Egoismus führt in ihren Augen letztlich zum Ende der Gesellschaft, als deren Gewährleister sie sich selbst begreifen. In echten Krisen, so ein Polizist und ehemaliger Soldat, seien hoch individualisierte Gesellschaften nicht in der Lage, solidarische Formen der Selbsterhaltung zu organisieren. Unter dem Eindruck pandemisch gestörter Lieferketten und temporärer Engpässe bemüht er die Analogie des Krieges für die befürchtete Zukunft der Gesellschaft:

> Wenn hier die Nahrungsversorgung zusammenbricht … Also wenn Sie halt jetzt einfach mal sich Berichte aus dem Jugoslawienkrieg und so weiter angucken. Wie hat der eine das beschrieben: Als Erstes starben die Schwachen. Und danach kämpfte der Rest um das, was noch da war. Hunger ist eine der größten Triebfedern bei uns. Und wenn die Nahrungsversorgung tatsächlich zusammengebrochen wäre, […] das ist natürlich der Verdacht, dass es dann zu bürgerkriegsähnlichen Zuständen kommt.

Begründet wird diese Vision mit einer kulturellen Überbewertung des Individuums. Die Orientierung an kollektiven und allgemeinen Zielen ist aus Sicht des Polizisten die einzige denkbare Lösung dieses Problems: »Weil der Einzelne ist ja mehr wert als das Allgemeinwesen. Wir müssen die Leute wieder dahin erziehen, dass das Allgemeinwesen auch ein höheres Ziel ist und dass nicht nur jeder für sich selbst zählt.«

Diese »Erziehung«, die Steuerung der Gesellschaft nach Zielen, die der Freiheit der Einzelnen zur individuellen Selbstentfaltung übergeordnet sind – ein weiteres dominantes, in diversen Subfeldern systemrelevanter Arbeit geäußertes Motiv –, ist Aufgabe des Staates. Dieser werde seiner Bestimmung aber nicht gerecht, repräsentiere nicht diejenigen, die die Selbsterhaltung der Gesellschaft sichern, sondern werde selbst von den Egoismen der Einzelnen dominiert, wie eine Krankenpflegerin mit Bezug auf Honorare, die einzelne Parlamentarier in der Frühphase der Pandemie für die Beschaffung von Schutzausrüstung kassierten, festhält:

> Es wäre ja zum Beispiel schön gewesen, wenn so eine Krise vielleicht auch zeigt, es gibt Wichtigeres als wie nur das Geld. Aber dieser tiefe Drang, sich sofort persönlich zu bereichern, scheint ungebrochen zu sein. Das ist nicht die Intention vom Staat oder, oder nicht gewollt, aber die Menschen ticken anscheinend [...] so.

Jenseits dieser Zuschreibung spezifischer Probleme an die persönliche Habgier einzelner Amtsträger variieren die Kritiken des Staates stark in ihrer Radikalität und werden nicht ausschließlich mit der kulturellen Prägung der Gesellschaft begründet. Sie konvergieren aber in einem zentralen Punkt: der Unfähigkeit, durch effektives politisches Handeln *Output-Legitimität* zu erzeugen, also als positiv bewertete Ergebnisse – der aus Sicht der Beschäftigten zentrale Maßstab politischen Handelns.[28] Die Mitarbeiterin der psychiatrischen Station eines niedersächsischen Klinikums spricht für viele, wenn sie staatliches Handeln als zu langsam und ineffizient kritisiert, was sich insbesondere angesichts pandemischer Adaptionszwänge gezeigt habe:

> Aber die Regierung hat aus meiner Sicht ein bisschen gepennt und zu viel rumgeeiert, und jedes Bundesland macht was anderes. Das ist nicht mein Ding. Sowohl was die Pandemie betrifft, auch was die Schulen im Allgemeinen betrifft. Also, das ist schwach gewesen. [...] Die Politik hätte deutlich was anders machen müssen. Also einfach auch klarer zu sein und vielleicht schneller zu reagieren. Und, auch nicht immer, also nicht immer dieses Zerteilte überall. Ja, [die Inzidenz] war in manchen Regionen deutlich mehr, in anderen weniger, aber ich hätte mir manchmal – weil manchmal wusste man ja gar nicht mehr, was jetzt und wo jetzt. Überall war es anders. Das fand ich nicht gut. Ich bin sonst tatsächlich nicht der Typ für Einheitsbrei und [...] »Wir machen alle dasselbe«. Sonst ist das gar nicht meins. Aber ich glaube, da hätte man es einmal machen können.

Die Inadäquatheit staatlicher Pandemiepolitik wird hier direkt an die regionale Differenzierung politischer Kompetenzen und pandemiebezogener Maßnahmen zurückgebunden. Die Dezentralisierung von Macht wird abgelehnt, ihre Konzentration befürwortet. Ignoriert wird die Möglichkeit einer eigenen Machtposition (Subpolitik!). Effizienzgewinne des Staates verspricht man sich keineswegs von der Erweiterung demokratischer Partizipationsprozesse. Selbstwirksamkeit in Bezug auf politische Belange oder das ostentative Bedürfnis nach demokratischer Willens- und Entscheidungsfindung ist als Erfahrungssubstrat inexistent. Mit guter, und das heißt hier: zentralisierter Herrschaft soll die Komplexität der Krise gemeistert werden. Gewollt werden gleiche Regeln für alle, was man sowohl als Wunsch nach mehr Überschaubarkeit und damit Entlastung als auch als Bedürfnis nach Fairness vor dem Hintergrund virulenter Übervorteilungsgefühle interpretieren kann.

Machtlosigkeit im Lichte einer dichotomen Sozialordnung, die Eigennutz und singularistische Eitelkeit zum Maßstab kultureller Wertorientierungen erklärt und von einem zerstreuten, steuerungsunfähigen oder -unwilligen Staat mehr schlecht als recht regiert wird, gelingende Subjektivierung im sozialen Nahbereich und Zutrauen in die eigenen Fähigkeiten, die politisch allerdings nicht gewürdigt werden – die systemrelevanten Praktiker:innen der Anpassung führen in ihrer eigenen Wahrnehmung *das richtige Leben unter den falschen Bedingungen*. Sie bearbeiten Selbsterhaltungsprobleme und ermöglichen so erst gesellschaftliche Spielräume der Selbstentfaltung. Die soziale Situation aber führt diese Praxis in ihren Augen ad absurdum.

Dabei liegt weit mehr im Argen als die Höhe der jeweiligen finanziellen Entschädigung oder das Ausmaß des Arbeitsdrucks – auch wenn fast jede Kritik aus den besonders krisenexponierten Bereichen mit genau diesen Punkten beginnt. Jenseits dieser prinzipiell lösbaren Probleme entfalten die Beschäftigten freilich Panoramen einer Sozialordnung, in der die

Gesellschaft an ihrer eigenen Struktur zugrunde geht. Sie orientiere sich nicht an ihren eigenen Reproduktionsbedingungen, das heißt konkret auch: nicht an den Menschen, die täglich Selbsterhaltungsprobleme bearbeiten. Daher sei sie – und so darf man schließen: mit ihr die betreffenden Systemstabilisierer – im Zerfall begriffen: Krisenadaption gelingt ihr mehr schlecht als recht und nur durch die Radikalisierung der sie schon unter Normalbedingungen prägenden Ungerechtigkeiten. Fern liegt dem systemrelevanten Gesellschaftsbild der Wunsch, sich mit dieser Ordnung, in der man im Grunde nur die eigene, kompetenzbewehrte Position akzeptabel findet, gemeinzumachen. Entgegengesetzt wird ihr eine Ethik des richtigen Lebens, die zu spezifischen Imaginationen einer guten Ordnung tendiert. Vier Elemente einer solchen *Vorstellung der guten Gesellschaft* werden von unseren Gesprächspartnern besonders herausgestellt.

Der dichotomen Polarisierung der Gesellschaft wird erstens die Vorstellung einer nivellierteren Sozialstruktur entgegengehalten, die oft auch hohe kulturelle Binnendifferenzierungen umfasst. Besonders eloquent artikuliert eine Assistenzärztin diese Vision:

> Eine Gesellschaft, in der man aufeinander Rücksicht nimmt, in der es nicht auf der einen Seite Gewinner, auf der anderen Seite Verlierer gibt, sondern wo es sich einfach die Waage hält, dass es viele Menschen gibt, die auf einem ähnlichen, ich nenne es mal, Luxusniveau leben, und nicht

> ein paar wenige, die sehr hoch leben, und ein paar auf einem sehr tiefen Level. Also es gibt ja sehr viele, die auf einem tiefen Level leben, und wenn man sich eher irgendwo in der Mitte ansiedelt, wo es dann ein paar Leuten vielleicht vom Luxusfaktor schlechter geht, aber sehr vielen Menschen besser. Dann irgendwie insgesamt auch, dass so Sachen wie jetzt Geschlecht, Hautfarbe, Herkunft egal sind, einfach keine Rolle spielen oder auch sexuelle Orientierung, dass das irrelevant ist […], sondern man sollte einfach wie ein Mensch behandelt werden und unabhängig davon, also unabhängig was man sonst noch so mitbringt. Ja, ich denke, das wäre eine gute Gesellschaft.

Zum Ausdruck kommt in dieser Passage der Wunsch nach einer Gesellschaft, in der die sozialen Distanzen zwischen ihren Mitgliedern reduziert sind. Man kann dies als eine mögliche Lösung für die betreffenden Entfremdungsprobleme interpretieren, die sich aus gesellschaftlichen Machtasymmetrien ergeben. Gleichzeitig ist eine wirkliche Egalisierung der sozialen Verhältnisse in den wenigsten Interviews Thema, Wunsch oder Perspektive. Auch die soeben zitierte Ärztin wünscht sich keine Gesellschaft der vollkommen Gleichen, sondern die Tilgung von Benachteiligungen und eine insgesamt stärkere Kompaktheit des Gesellschaftskörpers. Was auseinanderstrebt, soll durch die Etablierung fairer Positionierungslogiken enger zusammenrücken.

Eine prinzipielle Kritik von Herrschaft als Integrationsmodus der Gesellschaft wird von ihr nicht artikuliert und scheint auch sonst keine bedeutende Rolle im Feld zu spielen. Im Gegenteil: Es gehört zur alltäglichen Erfahrung der Beschäftigten, dass Kompetenz- und Verantwortungshierarchien für die Organisation von Gesellschaft, im Kleinen wie im Großen, unerlässlich sind. Zu Problemen kommt es, wenn einzelne Verantwortungsträger ihre Kompetenzbereiche überschreiten, etwa wenn politisch-administrative Vorgaben in funktionierende Arbeitsprozesse intervenieren. Entgegengehalten wird diesen wahrgenommenen Dysfunktionalitäten sozialer Koordination als zweites Merkmal einer guten Gesellschaft die Imagination funktionierender Verantwortungs- und Kompetenzhierarchien und klarer Führung. Ein Pflegedienstleiter hält etwa fest, einerseits sei

> auch der Gesundheitsminister [...] verantwortlich für die Arbeitsbedingungen, die wir haben. [Aber andererseits:] [D]ie Ausgestaltung vor Ort müssen wir selber tun. Also ich und meine Kolleginnen und Kollegen. [...] [W]ie ich mich in der Arbeit fühl oder wie wir uns im Team in der Arbeit fühlen, das ist nicht die Verantwortung vom Gesundheitsminister, sondern von uns selber.

Während die Politik die Rahmenbedingungen setze, obliege es den kompetenten Akteuren der ausführenden Ebene, die jeweils konkrete Situation zu gestalten. Krisen erforderten dabei ein besonderes Maß an Führung, deren Aufgabe vor allem in der Entlastung von Verantwortung auf der ausführenden Ebene bestehe. Seine persönliche Lehre aus der gerade erfahrenen Adaptionskrise lautet:

In der Krise und im Notstand funktioniert es am besten, wenn eben alle auf ein Kommando hören. Wenn der Kommandant auch mal irgendwie vielleicht was Fragwürdiges oder sonst irgendwie was, vielleicht einen Fehler macht oder eine falsche Angabe, dann bringt es nichts, die zu hinterfragen, sondern man sollte einfach nur das machen, was der Kommandant sagt, weil wenn jeder das macht, was er für richtig hält, dann ist es – dann läuft es komplett aus dem Ruder. Nach diesem Prinzip habe ich versucht, mich da zu verhalten.

Die *Befürwortung von Kompetenz- und Verantwortungshierarchien* – Effekt der eigenen Arbeitserfahrung wie auch eines das Feld prägenden Entlastungsbedarfs – ist, wie diese Passagen exemplifizieren, unmittelbar verbunden mit einer breiten Akzeptanz, ja häufig einem expliziten *Wunsch nach vertikaler Autorität*, die als drittes zentrales Merkmal gelingender Gesellschaft Regeln gegen die kulturprägenden Egoismen der Einzelnen durchsetzen soll. Eine Erzieherin beispielsweise beschreibt ihre Arbeitsaufgabe als regelorientierte Vermittlung solcher Fähigkeiten, die zum Leben in einer freien Gesellschaft befähigen. Hohes Aggressionspotenzial bergen für sie diejenigen Gesellschaftsmitglieder, die sich nicht an Regeln halten. Allgemein betrachtet sie eine geringe Regelkonformität – ganz auf der Linie der das Feld kennzeichnenden Egoismuskritik – als kennzeichnend für die Gesellschaft. Die Pandemie beschreibt sie daher als eine Art Erweckungserlebnis: Nach der Verpflichtung zum Tragen eines Mund-Nasen-Schutzes im öffentlichen Personennahverkehr habe sie fest damit gerechnet, dass diese Regel von vielen ignoriert werde, und sei dann richtiggehend beseelt gewesen von der Erkenntnis, dass die Krise die Leute zu regelkonformerem Verhalten angereizt habe. Durch die Pandemie hat die Gesellschaft in ihren Augen gewissermaßen zu ihrem wahren und richtigen Wesen gefunden. Lockerungen sah sie hingegen kritisch, sie wünschte sich vielmehr härtere Strafen für diejenigen, die gegen Regeln verstießen:

> Was schlecht war, dass man sehr früh gelockert hat, fand ich, weil ich habe auch gesagt, wenn wir das jetzt lockern, dann haben wir spätestens in ein, zwei Monaten eine noch höhere Inzidenz. Und genau das ist eingetreten. Außerdem war kacke, dass nicht genügend durchgegriffen wurde. Ich war der Meinung: Okay, wenn jemand stark gegen diese Regeln verstößt, wie zum Beispiel, wenn ich da sehe, dass sich zwei Jugendliche treffen, dann sollte da keine Ermahnung mehr stattfinden, sondern da sollte von mir aus jeder 200 Euro Geldstrafe zahlen. Das ist einfach nur ignorant und egoistisch.

Dieser Wunsch nach einer vertikalen, durchgreifenden Autorität, die sich gegen die Egoismen der Einzelnen behauptet, ist weitverbreitet und adressiert insbesondere den Staat. Dessen Steuerungsprobleme werden daher vielfach mit Unverständnis zur Kenntnis genommen, etwa im Falle eines Polizisten, der schlicht den Eindruck hat, im Staat herrsche Arbeitsverweigerung:

> Die Politik ist dafür da, um Sachen zu verändern, und sie werden dafür gewählt, sie werden dafür bezahlt. Das ist de-

ren verdammte Aufgabe, damit das der einfache Bürger nicht machen muss, weil er andere Sachen zu tun hat. Das ist deren Job. Sie werden dafür sehr, sehr gut bezahlt.

Wo komplexere Beschreibungen staatlicher Blockaden formuliert werden, ist der Weg zu einer nicht mehr nur die Handlungsunfähigkeit des Staates beanstandenden, sondern – bewusst oder unbewusst – relativ grundsätzlichen *Demokratiekritik* oft nicht weit. Eine junge Polizistin sieht etwa in der durch Legislaturperioden erzeugten Kurzfristorientierung gewählter Volksvertreter ein zentrales Problem. Die Suspendierung demokratischer Rechtfertigungspflichten erachtet sie als »progressiv«:

> Oh Gott, jetzt wird's ganz progressiv: Ich habe das Gefühl, dass wir längere Regierungsperioden bräuchten, weil es ist halt meiner Meinung nach nicht attraktiv, Klimapolitik zu machen, weil sie sich nicht sichtbar auswirkt innerhalb von den nächsten paar Jahren, in denen man dann wieder Wähler generieren muss, sondern man gibt halt nur Geld aus, man gibt Geld aus, und es kommt jetzt für den Otto Normalverbraucher vielleicht kein sichtbares Ergebnis. Und ich bin der Meinung, dass man deshalb verbessern könnte, wenn man mehr Zeit hätte, um Sachen umzusetzen.

Zur Ansicht gelangt in diesem Zitat zweierlei: Zum einen garantiert die erwünschte Gesellschaft, die sozialstrukturell kompakt, hierarchisch funktional gegliedert ist und mit vertikaler Autorität regiert wird, ihren Mitgliedern – als viertes Element des Deutungskomplexes – ein höheres Maß an forderungsfreier Zeit, die nicht nur, wie oben am Beispiel einer anderen Polizistin illustriert, eine eher spielerische Weltbeziehung ermöglicht, sondern zugleich wieder zu vernünftigen Entscheidungen befähigen soll. Im vorliegenden Zitat wird dieser Gewinn an Zeitautonomie den imaginierten politischen Entscheidungsträgern zugeschlagen. Sähen sie sich weniger Rechtfertigungsdruck seitens des Elektorats ausgesetzt, könnten sie richtige, aber unpopuläre Entscheidungen treffen, die in Ermangelung von Zeitautonomie von ihnen im Moment nicht getroffen werden. Es wird eine adaptiv-kreative Gestaltung der Zukunft angemahnt, die Zeit brauche und daher nicht mit Forderungen rascher Responsivität belastet werden dürfe. Die eigene Arbeits- und Lebenssituation spiegelt sich hier exemplarisch in der Wahrnehmung politischer Steuerungsunfähigkeit. Auch die Befragten wünschen sich mehr Zeit, um lebensrelevante Praxis *richtig* exerzieren zu können. Mit dem Motiv forderungsfreier Zeit verbinden sie dagegen jenseits der Projektionen auf die Politik Vorstellungen einer Befähigung zu vernünftigem, das heißt problemorientiertem und sachlich angemessenem Handeln sowie den Wunsch nach einem erschöpfungsfreieren Leben im Beruf und im Privaten. Man sehnt sich nach Entlastung.

So lassen sich die Vorstellungen der Beschäftigten allgemein als Überforderungsreaktionen deuten: Der Abbau sozialer Distanz in einer kompakteren Gesellschaft soll die Übervorteilungen durch entfremdete Eliten verhindern, die kompetenzbasierte Hierarchisierung der Sozialstruktur die bestmögliche Verrichtung von als sinnhaft und notwendig empfundenen Aufgaben ohne störende Interventionen ermöglichen, und die Durchsetzung vertikaler Autorität soll die Verhältnisse nachhaltig und sanktionsbewehrt ordnen. Zu gewinnen gibt es in einer solchen Gesellschaft forderungsfreie, das heißt: entlastete Zeit.

Zum anderen verweist das vorangegangene Zitat freilich auch auf spezifische Vorstellungen »progressiver« Politik. Viele Erzählungen systemrelevanter Beschäftigter sind in diesem Zusammenhang von einer gewissen Kreativität, aber auch Arglosigkeit, ja: von einer geradezu ludisch-experimentellen Perspektive auf das politische Feld geprägt. Die junge Polizistin möchte demokratische Rechtfertigungspflichten durch die Verlängerung von Regierungszyklen reduzieren. Ein Kollege benennt ein bereits bestehendes demokratisches Repräsentationsdefizit, das sich einfügt in seine dichotome Wahrnehmung der Gesellschaft, und die damit zusammenhängende Entfremdung der politischen Eliten vom von ihnen regierten Volk:

> Ich habe mir neulich die, die Zusammensetzung des Bundestages angeguckt. Da war ein Vergleich zwischen 2019, glaube ich, und irgendwann in den sechziger Jahren. Damals haben der Bäckermeister und der Maurermeister auch im Bundestag gesessen. Ja, das sehe ich heute schwierig. Ich kann aber die Forderung verstehen, weil die Forderung impliziert: Die Leute da oben sind so weit weg, dass sie meine Probleme nicht mehr verstehen. Wenn man aber widerspiegelt und politisch eben auch nicht mehr so häufig in Fett-

näpfchen setzt, […] dann schafft man auch wieder eine Nähe. Also [der] Volksvertreter kann ja nur [das] Volk vertreten, wenn [er] das Volk auch mal trifft.

Es geht ihm nicht darum, das benannte Repräsentationsdefizit zu beheben. Bäcker und Maurer im Bundestag hält er aufgrund der komplexen Aufgaben gegenwärtiger Politik für »schwierig«. Er schreibt sich, ebenso wie dem Bäcker und dem Maurer, Kompetenzen hinsichtlich des eigenen Verantwortungsbereichs zu, will aber nicht sich oder seinesgleichen an die Stelle korrupter Eliten setzen. Stattdessen wünscht auch er sich, wie er an anderer Stelle klarstellt, eine effektivere Form politischer Herrschaft, die er durch eine größere »Nähe« zu den Regierten mit der notwendigen Expertise ausstatten will.

Diese Idee einer von Rechtfertigungszwängen befreiten Politik, die gleichzeitig responsiv bleibt für die spezifischen Kompetenzen der Beherrschten, aber unvernünftigen Widerspruch auch aushält, ist im Feld häufig anzutreffen. Eine Erzieherin beispielsweise wünscht sich Praktikumsmodelle für politische Entscheidungsträger, die die fachbereichsspezifischen Wissensbestände bestimmter Arbeitsfelder aufnehmen sollen, um zu besseren Regeln zu kommen. Sie sieht sich, wie die meisten Gesprächspartner, als Person mit hoher bereichsspezifischer Kompetenz und kann sich deswegen eine beratende Rolle für politische Entscheidungsträger vorstellen. Aus diesem Zusammenwirken könnten aus ihrer Sicht vernünftige Regeln entstehen, deren sanktionsbewehrte Durchsetzung sie sich wünscht. Auch eine Psychologin sieht im Kontext der Pandemie einen Bedarf nach Expertenherrschaft und erwägt, diese gesetzlich stärker abzusichern:

> Am Anfang der Pandemie hatte ich das Gefühl, dass auf die Menschen, die sich am besten mit so was auskennen, also die Virologen, nicht [gehört wurde]: dass auf die Fachkräfte, die sich mit bestimmten Dingen auskennen, nicht gehört wurde, dass man sich nicht auf Fachmenschen bezieht. Ich habe das Gefühl, die wurden erst relativ spät mit einbezogen [...], und ich habe mir schon überlegt, wie es wäre, wenn es halt auch ein paar Regeln geben würde, die das alles gesetzlich festlegen. Dann würde es aber, glaube ich, trotzdem noch diese Proteste und alles Mögliche geben, wie eben wenn man Prostitution verbieten würde.

Die demokratischen Kosten einer effektiven, evidenzbasierten politischen Steuerung sind ihr durchaus bewusst, Proteste seien hinzunehmen, da vernünftige Entscheidungen – zu denen sie offenbar auch ein Prostitutionsverbot zählt – eben nicht konsensfähig seien.

Demokratisierung im Sinne einer Erweiterung deliberativer Beteiligungsverfahren oder subpolitischen Aktivismus bildet im Feld nicht das anvisierte Programm. Expertise und die Erweiterung von Handlungsspielräumen sind die entscheidenden Parameter gewünschter Restrukturierungen des politischen Apparats. Die Komplexität des politischen Systems wird dabei als ein Problem betrachtet, wie etwa Erläuterungen des bereits zitierten Berufsschullehrers exemplifizieren. Er problematisiert den Einfluss wirtschaftlicher Interessen, vor allem aber die Gewaltenteilung im liberalen Rechtsstaat sowie die Notwendigkeit politischer Kompromisse, die die Steuerungsmöglichkeiten des Staates zusätzlich begrenzten. Seine Perspektive auf die Gewaltenteilung ist dabei unmittelbar von den Eindrücken der pandemischen Adaptionskrise geprägt, in der Gerichte der Durchsetzung politischer Steuerung im Wege gestanden hätten:

> So ganz frei können ja auch die Leute, die die Gesetze machen, nicht entscheiden. Man merkt ja auch, dass die Regierung einfach unter so unglaublich vielen Einflüssen steht. Die stehen ja nicht nur unter den Einflüssen von irgendwelchen Lobbyisten, sondern von irgendwelchen Gerichten, die dann irgendwelche neuen Gesetze kippen. Das muss ja alles 100-prozentig wasserdicht sein, damit dann was durchkommt und verbessert werden kann, weil einfach zu viele Kompromisse getroffen werden müssen. […] Dann kommt noch Europa mit dazu, das das natürlich auch nicht leichter macht, dass dann irgendwie alles auch europäischem Recht entsprechen muss und dann in Europa ja auch irgendwelche Leute an der Macht sind, wo man denkt, die wären besser nicht an der Macht.

Während die präsentierten Zitate für sich nur Illustrationen einzelner, individueller Positionierungen sind, veranschaulichen sie doch in ihrer Gesamtheit zentrale Aspekte, die das betreffende Sample prägen. In tentativer Generalisierung kann man auf dieser Basis angesichts der im Feld der Systemrelevanz virulenten Kritiken, Deutungsmuster und Gesellschaftsbilder den Eindruck gewinnen, diese konvergierten – ähnlich wie Teile der ökologischen Kritik – im Zeichen einer akuten Adaptionskrise letztlich in technokratischen Perspektiven: Der sie prägenden dichotomen Entfremdung, der sie zersetzenden narzisstischen Kulturprägung und der damit zusammenhängenden Krise politischer Gestaltungsfähigkeit soll mittels eines Primats staatlicher Steuerung begegnet werden, welche sich auf fachspezifische Expertisen stützt, nicht von deliberativen Prozessen oder Repräsentationspflichten gebremst wird und vernünftige Regeln notfalls sanktionsbewehrt durchsetzt. Die Attraktivität der technokratischen Konstellation basiert dabei nicht primär auf den Erwartungen einer von Adaptionskrisen geprägten Zukunft, wie sie für die ökologische Kritik typisch sind, sondern auf deren konkreter Erfahrung in der Gegenwart. Dennoch bildet auch hier letztlich *Entpolitisierung*, nicht Demokratisierung den Fluchtpunkt der Perspektiven auf die politische Bearbeitung von Selbsterhaltungsfragen.

Dabei ist die *adaptive Kritik* aus dem Feld der Systemrelevanz allerdings von einem ludisch-experimentellen Element geprägt, das vielen der dort Beschäftigten aus ihrer unmittelbaren Arbeitserfahrung vertraut ist. Die Selbsterhaltung der Gesellschaft, die sie in hierarchisch strukturierter Kooperation sichern, ist auf die elastische und eigeninitiative Handlungsfähigkeit der ausführenden Ebene systematisch angewiesen. Sie prägt im Zeichen der strukturellen Überlastung die alltägliche Erfahrung der Krisenadaption und lockt mit einer eigenen Perspektive der Freiheit, die konkrete Entlastung, die Wirksamkeit von Kompetenz und in letzter Instanz womöglich die Entfaltung einer eigenen Zivilisation verspricht: Im Traum der guten Gesellschaft des Polizisten, der für die nahe Zukunft mit dem Bürgerkrieg rechnet, verdichtet sich der utopische Kern dieser Vorstellung, der zufolge das Verschwinden gesellschaftlicher Konflikte den Weg in eine universelle Zivilisation der sich entfaltenden Vernunft weist. Die gute Gesellschaft der Zukunft wäre ihm zufolge eine des »Kommunismus à la Star Trek, in der wirklich jeder nur noch für die Gesellschaft arbeitet«, während deren grundlegenden Probleme zugleich durch die berühmte Wunschmaschine »Replikator«, die per Knopfdruck alle basalen Bedürfnisse befriedigen kann, technologisch gelöst wurden. Der Wunsch zielt auf eine Praxis, in der die Entpolitisierung von Überlebensfragen Räume für einen sich in gelingender Kooperation entfaltenden, auf demokratische Konflikte letztlich aber nicht mehr angewiesenen ludischen Experimentalismus eröffnet. Es ist der Wunsch, das richtige Leben unter den richtigen Bedingungen zu führen.

## 6. Protektive Technokratie

Das politische Leben wäre gereinigt.
*Joseph Schumpeter (1946)*[1]

Als Fluchtpunkt politischer Sehnsüchte potenzieller Avantgarden der adaptiven Gesellschaft erweist sich also die Entpolitisierung von Selbsterhaltungsfragen. Diese werden mal impliziter, mal expliziter als Wunsch nach technokratischer Herrschaft artikuliert – sei es im Sinne einer Herrschaft der Experten oder in jenem einer technischen Automatisierung zentraler politischer Prozesse.[2] Den Ausgangspunkt solcher Sehnsüchte bildet, neben lebensweltlichen Erfahrungen und wirksamen kollektiven Imaginationen, eine historische Enttäuschung über die mangelnde Wirksamkeit subpolitischer Bearbeitungsformen von Selbsterhaltungsfragen. Diese Enttäuschung grundiert ein zunehmendes Bewusstsein für die Begrenztheit der Möglichkeiten, mit weiterer Demokratisierung der entsprechenden Probleme Herr zu werden.

Bei der Bewertung dieses Umstands muss man allerdings behutsam vorgehen, denn Demokratiekritik, gerade in Form des Zweifels an der Kompetenz des politischen Personals, ist keineswegs ein neues, sondern ein klassisches Motiv der abendländischen Betrachtung politischer Herrschaft, während die unhinterfragte Demokratisierungseuphorie eher jüngeren Datums ist.[3] Zumindest eine für die gelingende demokratische Praxis angeblich notwendige Begrenzung politischer Teilhabe ist seit je Teil der Diskussion über diese Herrschaftsform gewesen, wenngleich es hier häufig darum ging, die Mitbestimmungsrechte vermeintlich unwürdiger Bevölkerungsteile zu begrenzen.

Jenseits der klassischen Philosophie[4] haben etwa auch Gründerfiguren der Soziologie sich keineswegs primär positiv zu fortschreitender Demokratisierung im Sinne einer Erweiterung von Deliberations- und Partizipationsprozessen geäußert. Max Weber war nach dem Ende des Ersten Weltkrieges zwar ein Befürworter der Demokratisierung Deutschlands, hatte dabei aber eine »plebiszitäre Führerdemokratie« im Sinn, die »keineswegs [...] auf die Erfüllung von Idealen der Freiheit, Gleichheit und Selbstbestimmung« ausgerichtet war, sondern auf »die rigorose Auswahl der besten politischen Führungskräfte«.[5] Auch Joseph Schumpeter plädierte für eine nüchterne Perspektive auf die Demokratie und positionierte sich kritisch gegenüber der Erweiterung demokratischer Partizipationsformen; er befürwortete eine Beschränkung der Sphäre deliberativer Entscheidungsfindung und betrachtete die »demokratische Methode« vor allem als eine spezifische Form des »Konkurrenzkampfs um die politische Führung«.[6]

Ein zentrales Element dieser graduellen Demokratiekritik, die sich vor allem gegen ein allzu idealistisches Bild deliberativer Entscheidungsfindung und partizipatorischer Beteiligungsformate richtete, war die strategische Entpolitisierung bestimmter Fragen und Bereiche. Für Schumpeter war dies schlicht eine notwendige Bedingung dafür, dass ein politisches System, dessen Führungspersonal notgedrungen permanent damit beschäftigt sei, sich auf die nächste Wahl vorzubereiten, überhaupt funktionieren könne.[7] Jemand müsse ja die eigentliche Arbeit des Staates erledigen, was von Politikern, die stets unter Vorbehalt der Wiederwahl und mit Blick auf die öffentliche Meinung handeln müssten, nicht zu erwarten sei. So betrachtete er der demokratischen Legitimationsbedürftigkeit weitgehend entzogene Bereiche öffentlicher Souveränität auch keineswegs als Widersprüche, sondern als essenzielle Voraussetzungen einer funktionierenden Demokratie. Schumpeter verwies an dieser Stelle etwa auf die Autonomie und Unabhängigkeit von Richtern, Zentralbanken, staatlich finanzierten Universitäten oder öffentlichen Bürokratien. Hier träfen aus guten Gründen Expert:innen die Entscheidungen. Deren Engagement und Verfügbarkeit zu sichern, indem man sie von der »demokratischen Methode« ausnehme, sei *Selbsterhaltungsbedingung* jeder demokratischen Staatlichkeit.[8]

Auch eine Demokratiekritik, die aus der Erfahrung einer grundsätzlich adaptiven Lebensweise artikuliert wird, will daher nicht zwingend das demokratische Kind mit dem Bade ausschütten. Vielmehr ist es im Grunde nur konsequent, dass sich die rekonstruierten Sinnbezüge der Lebensführung zu Fragen der demokratischen Struktur des politischen Systems im Grunde agnostisch positionieren. *Dass* Selbsterhaltungsfragen bearbeitet werden, steht im Vordergrund, nicht *wie* dies geschieht. Zudem könnte man sagen, dass mit der Forderung nach einer Entpolitisierung von Selbsterhaltungsfragen nur verlangt wird, was laut liberalen Vertragstheorien ohnehin die Vorbedingung des modernen Gesellschaftsvertrags und damit der Demokratie von jeher vorgelagert ist. Denn Selbsterhaltungsfragen bestimmen den fiktiven Naturzustand und müssen, diesem Denken folgend, gelöst sein, bevor Demokratie überhaupt beginnen kann.

Dass spätmoderne Gesellschaften im Zeichen reflexiver Risikobewusstheit vor dem Problem stehen, die Legitimität politischer Herrschaft vor dem Hintergrund einer Situation zu gewinnen, in der Selbsterhaltungsfragen aller Voraussicht nach auf Dauer gestellt sind, weil Risiken zur Multiplizierung neigen, bricht mit dieser modernen Logik. Gestellt ist damit die Frage nach den Sinnhorizonten des Gesellschaftsvertrags in einer adaptiven Konstellation, denen wir uns in den voranstehenden Kapiteln sukzessive angenähert haben. Die technokratische Entpolitisierung von Selbsterhaltungsfragen ist offenkundig ein entscheidender Fluchtpunkt der damit aufgerufenen Prozesse der Legitimitätsbewirtschaftung, mit denen womöglich ein »Formwandel«, keineswegs aber notwendig eine fundamentale Infragestellung der Demokratie annonciert ist.[9]

Die rekonstruierte adaptive Kritik verlangt zudem keineswegs nach einer an angeblichen wirtschaftlichen Sach- und Systemzwänge orientierten Technokratie, wie sie die in Kapitel 2 beschriebenen Analysen der Adaptionsrhetorik in der neoliberalen Konstellation an die Wand malen. Sie fordert vielmehr die Fähigkeit zur adaptiven Bearbeitung der wahrgenommenen Selbsterhaltungsprobleme, die sie aus einer Analogie von »System« und »Lebenswelt« gewinnt, in der also die eigene adaptive Lebensweise zum Vorbild einer Transformation des politischen Systems wird.[10] Den Fluchtpunkt der entsprechenden Vorstellungen bildet letztlich eine *protektive Technokratie*. Sie soll den ludischen Experimentalismus der adaptiven Lebensführung rahmen, stabilisieren und damit Spielräume für sinnhafte Kooperation erschließen.

Protektive Technokratie bildet dabei keineswegs nur unter den Anpassungsarbeitern oder im Rahmen ökologischer Rebellionen einen bedeutenden Vektor der politischen Imagination in der adaptiven Gesellschaft. Einmal für diesen Umstand sensibilisiert, erkennt man neue, technik- und expertisegestützte Herrschaftsformate als ein entscheidendes Element der Selbstthematisierung von Gesellschaften, deren zentralen Bezugspunkt nicht mehr Selbstdynamisierungsbestrebungen, sondern Selbststabilisierungsprogramme bilden. Digitale Steuerungstechnologien, denen man das Potenzial zuschreibt, komplexe Gefahrenlagen einschätzbar sowie bearbeitbar zu machen und damit letztlich neue gesellschaftliche Koordinationsweisen in Aussicht zu stellen, spielen in diesen Visionen eine zentrale Rolle.

Anekdotische Evidenzen für den Rückenwind, den technokratische Entlastungsprogramme in den Selbstimaginationen der nächsten Gesellschaft genießen, liefert etwa die Popkultur. So haben die Macher des legendären Computerspiels *Civilisations*, in dem es um die Erhaltung, Expansion und den Niedergang von Gesellschaften geht und dessen erste Version 1991, also unmittelbar nach der Öffnung der Geschichte durch das Ende des Kalten Krieges erschien, in dessen jüngsten Versionen neue Regierungsformen eingeführt, die gewählt werden können, sobald soziale Medien in einer Gesellschaft verfügbar sind und wenn diese in Globalisierungsprozesse – also wiederum: digital gestützte Vernetzungsweisen – eingebunden ist. War in früheren Versionen des Spiels noch ein relativ klarer historischer Pfad mit hohem Wiedererkennungswert für die klassische soziologische Modernisierungstheorie (inklusive urmoderner, demokratischer, kommunistischer oder faschistischer Regierungsweisen) erkennbar, sind seither, wenn man so will, spätmoderne Organisationsformen des Politischen hinzugekommen. Neben einer libertären Konzerndiktatur (»Unternehmenslibertarismus«), die neoliberale Regierungsweisen radikalisiert, und einer digitalen Demokratie, die Partizipationsprozesse durch die Nutzung sozialer Medien ausweitet und intensiviert, ist dabei insbesondere eine als »synthetische Technokratie« bezeichnete Regierungsform zu nennen.[11] Die synthetische Technokratie begreift sich als rational und immun gegenüber einer Indienstnahme durch Einzelinteressen. Sie soll den objektiven Interessen der Bevölkerungsmehrheit entsprechen und durch umfassende datengetriebene Berechnungen dafür sorgen, dass dabei auch Minderheiten nicht unter die Räder kommen. Sie ist auf die Einbeziehung nichtmenschlicher »Aktanten«[12] angewiesen, insbesondere auf sogenannte Künstliche Intelligenzen – also datenbasierte algorithmische Entscheidungsverfahren –, die im ersten Schritt menschlichen Entscheidungsträgern, idealerweise selbst Expertinnen für die jeweiligen Bereiche, assistieren sollen, diese aber perspektivisch auch ersetzen können. Da sich die prozessuale Problembearbeitung mithilfe der »Steuerungsmittel«[13] einer digitalen Superintelligenz weitgehend erfolgreich vollzieht, ist die synthetische Technokratie auf demokratische Auseinandersetzungen nicht mehr angewiesen. Sie sichert Gegenwart durch das entpolitisierte Management gesellschaftlicher Selbsterhaltung, wenngleich es durch Fehlkodierungen der KI auch zu Unfällen und weiteren Freiheitsverlusten für die Bürger kommen kann.[14]

Die synthetische Technokratie liegt dabei auf der Stimmungslinie anderer zeitgenössischer Selbstthematisierungen. Auch im Rahmen einer sich als Teil der politischen Linken verstehenden Sozialforschung werden digitale Technologien etwa im Kontext einer Renaissance kybernetischen Denkens seit Kurzem wieder verstärkt als entscheidendes Mittel der Gestaltung der kommenden Gesellschaft aufgegriffen. Den Hintergrund bildet hier eine rund 100 Jahre alte Kontroverse um die Möglichkeit sozialistischer Wirtschaftsplanung. 1920 von Ludwig von Mises angestoßen, ging es in der Debatte um die Wirtschaftsrechnung im Sozialismus[15] im Kern um die Frage, ob eine sozialistische Planwirtschaft in der Lage sei, die Ökonomie rational, also im wirtschaftlichen Sinne ressourceneffizient und damit wohlstandssteigernd zu steuern. Das Gegenargument liberaler Ökonomen wie von Mises, und später August von Hayek, Wilhelm Röpke und Lionel Robbins, lautete, dass die sozialistische Wirtschaftsplanung über kein dem Preismechanismus äquivalentes Verfahren verfüge, um die eigene Kalkulation effizient an Informationen über Kosten und Preise auszurichten. In Ermangelung von Echtzeitanalysen des Konsumentenverhaltens und der entsprechenden Möglichkeit, Ressourcen rational einzusetzen und Produktionskapazitäten sinnvoll zu kalkulieren, sei es der Zentralplanung unmöglich, mit den schnellen Veränderungen von Märkten Schritt zu halten.[16]

Jüngere Arbeiten aus der linken Gesellschaftskritik haben diese Kontroverse aufgegriffen und vertreten angesichts der rasanten Entwicklung digitaler Steuerungstechnologien die These, das Problem unzureichender Informationen sei nun im Rahmen digitaler Infrastrukturen zur Vermessung von Marktprozessen auch jenseits einer kapitalistischen Wirtschaft lösbar, da technologische Planung – etwa im Rahmen »roter« digitaler Plattformen[17] – nun die Echtzeitbeobachtung und entsprechende *Anpassung* wirtschaftlicher Prozesse ermögliche. [18] Pate für dieses Denken steht das von dem Kybernetiker Stafford Beer für die Regierung Salvador Allendes geplante Projekt Cybersyn,[19] dessen Umsetzung freilich dem Putsch Augusto Pinochets und den folgenden marktradikalen Reformen zum Opfer fiel. »Obwohl es eher einen rhetorischen als einen praktischen Erfolg darstellte«, so Jasper Bernes in seiner Analyse der neuen linken Kybernetikdiskussion, repräsentiere »Cybersyn heute für viele die Vision einer kontrafaktischen Geschichte, in der egalitäre, von Computern geplante Ökonomien den Markt ersetzt haben«.[20]

Im Zentrum steht dabei auch heute die Idee kybernetischer »Feedback-Infrastrukturen«,[21] in denen Veränderungen auf der Ebene von Verbrauchermärkten umgehend an die jeweilige systemische Steuerungsinstanz gemeldet werden, woraufhin diese in die Lage versetzt wird, die jeweiligen Angebotsstrukturen anzupassen. Andersherum kann in solchen Modellen auch Feedback aus dem Feld der Rohstoffgewinnung oder Industriegüterproduktion dafür genutzt werden, Signale in die Verbrauchermärkte zu senden, um dort gegebenenfalls Überkapazitäten platzieren oder Erwartungen managen zu können. Als

Evidenz für die Effizienz digital gestützter kybernetischer Wirtschaftsplanung und Marktanpassung gilt in den entsprechenden Debatten der Umstand, dass die mächtigsten Großunternehmen der Gegenwart im Kern auf der Basis digitaler Wirtschaftsplanung arbeiten.[22] Handelskonzerne wie Amazon oder Walmart, aber auch große produzierende Unternehmen nutzten die Digitaltechnik schon seit geraumer Zeit, um Vorhersagen über Verbraucherverhalten und Nachfrage zu gewinnen und ihre Bestell- und Produktionsprozesse entsprechend anzupassen.

Alles in allem geht es bei solchen theoretischen Gegenkonstruktionen um kybernetische Modelle, die die jeweiligen Feedback-Infrastrukturen nutzen wollen, um eine von Profitinteresse und Steigerungszwängen befreite Ökonomie zu errichten. In derartigen Analysen erklingt ein Echo Schumpeters, der in *Kapitalismus, Sozialismus und Demokratie* schon in der ersten Hälfte des 20. Jahrhunderts eine letztlich postkapitalistisch stabilisierte Planökonomie *im Kapitalismus* zu erkennen glaubte. Statt der durch den Unternehmer entfachten Dynamik sah Schumpeter den Kapitalismus seiner Zeit als von leidenschaftslos *planenden* Managern gekennzeichnet. Stabilität könnten diese, schon auf der Basis der technologischen Rationalisierungsmittel dieser Zeit, durchaus gewährleisten. Was Schumpeter als Effekt des Todes des Unternehmers im Grunde bedauerte, will die kybernetische Kapitalismuskritik nun mit den technologischen Mitteln der Gegenwart praktisch umsetzen. Im Zentrum dieser Überlegungen steht die für das kybernetische Denken typische Logik der Stabilisierung eines – hier: *ökonomischen* – Systems durch *adaptive Transformationen*.

Während sich die neue kybernetische Kritik auf Selbsterhaltungsprobleme des Kapitalismus bezieht, denen mit einer technologisch gestützten Transformation der Ökonomie in eine digital-adaptive Wirtschaftsweise beigekommen werden soll, wird dieses Denken von anderer Seite auch in den Dienst primär ökologischer Fragen des planetaren Überlebensmanagements gestellt. Als Reaktion auf einen sich beschleunigenden Klimawandel erwartet etwa James Lovelock, der berühmte Begründer der sogenannten Gaia-Hypothese, der zufolge die Erde und ihre Biosphäre wie ein sich selbst stabilisierender Organismus beschrieben und analysiert werden können, in naher Zukunft ein Zeitalter, in dem eine digitale Superintelligenz als Teil des Erdsystems dessen Stabilisierung gewährleistet und damit die durch die moderne Zivilisation erzeugten Überlebensgefahren adaptiv bearbeitet.[23] Weder die subpolitische Erneuerung,[24] die fortschreitende »Demokratisierung der Demokratie«,[25] die soziale Einbettung im Kontext eines neuen Liberalismus[26] oder die Rückkehr in eine plebejische Demokratie[27] noch die revolutionäre Totalmobilisierung im Angesicht eines ökologischen Kriegszustandes stiften hier die entscheidenden Trajekte des Politischen.[28] Die Hoffnungen auf adaptive Stabilisierung richten sich vielmehr auf eine weitgehend eigeninitiative digitale Technik, die, einem Überlebensimperativ folgend, demokratische oder revolutionäre Konflikte über entscheidende Fragen nicht mehr benötigt, weil diese bereits kompetent bearbeitet werden, also letztlich entpolitisiert sind.

Nicht zuletzt Corona hat diesem Denken auch in der politischen Theorie weiteren Rückenwind verliehen. So plädiert etwa Benjamin Bratton in seinen Überlegungen zu einer post-pandemischen Politik dafür, den Klimawandel in Form jener »positiven Biopolitik« anzugehen, die man in rudimentären Ansätzen in den globalen gesellschaftlichen Reaktionen auf Covid-19 habe beobachten können.[29] Die Pandemie habe eine Kollektivierung von Selbsterhaltungsrisiken im globalen Maßstab ins öffentliche Bewusstsein katapultiert und dabei sowohl einer notwendigen Dezentrierung des Subjekts Vorschub geleistet als auch die Notwendigkeit eines planetaren Modells des Risikomanagements veranschaulicht. Zum einen habe das Virus die Illusion eines isolierten, autonomen und damit im modernen Sinne freien Individuums durchbrochen. Die Luft, die wir alle atmen, verbinde uns, und nur aus einem Bewusstsein dieser Verbundenheit heraus sei eine gesellschaftliche Bekämpfung des Virus – etwa durch das Tragen von Masken – überhaupt möglich. Zum anderen bedürfe dieser Kampf um Selbsterhaltung ebenjener positiven Biopolitik, die mit dem Hauptziel der Rettung menschlichen Lebens die kollektive Anpassung an das Virus gewährleisten könne. Die »epidemiologische Sicht auf die Gesellschaft« solle dabei im besten Falle auf einer komplexen gesellschaftlichen Sensorik (*sensing layer*) basieren, die im Falle der Pandemie Daten aus unterschiedlichsten Bereichen – vom Abstrich im Testzentrum über die Mobilitätsdaten von Android-Nutzern und die Auslastung von Flügen und Zügen bis zu planetaren Wetterdaten – in Pools zusammenführe.[30] Dort könnten die entsprechenden Daten für Modellsimulationen genutzt werden, die wiederum im Sinne einer kybernetischen Feedback-Struktur Steuerungszugriffe möglich machten – etwa in Form einer evidenzbasierten Aktualisierung von Maßnahmen, deren Effekte man wiederum in den Daten ablesen könne, um entsprechend nachzusteuern.

Ergebnis eines solchen Systems, von dem das real existierende Pandemiemanagement selbstredend nur einen schwachen Abklatsch darstelle, könne letztlich eine Art »kollektives Immunsystem«[31] planetaren Ausmaßes sein, das nicht primär die aktuelle Pandemie, sondern vor allem auch die globalen Reaktionen auf den Klimawandel zu strukturieren hätte. Plädiert wird für eine auf Digital-, aber auch auf Biotechnologie basierende planetare Kontrollstruktur, deren kybernetischer Charakter sich in der Fähigkeit ausdrücke, simulationsbasiertes Wissen umgehend in angemessene Gesellschaftspolitik umzusetzen:

> Bis auf die entscheidende Fähigkeit zur rekursiven Steuerung stellt die Klimawissenschaft all diese [epistemologi-

schen und technologischen Infrastrukturen] zur Verfügung. Noch kann sie nicht auf das Klima, das sie abbildet, zurückwirken, aber das muss sie. Genau wie ein medizinisches Modell muss sie nicht nur diagnostizieren, sondern auch heilen.[32]

Der stabilisierenden Anpassung von Gesellschaft und Erdsystem, die von einem solchen technologischen Leviathan durchgesetzt würde, dürften dabei weder moralische Deliberationen noch politische Institutionen in die Quere kommen:

> Am wichtigsten ist vielleicht, dass das Funktionieren [eines solchen Systems] weder von der moralischen Leistung der Beteiligten noch von der unvorhersehbaren Ratio, dem Aberglauben, der Kompetenz oder Ignoranz derjenigen abhinge, die eine konkrete formale Regierung bilden.[33]

Anders als bei Lovelocks abstrakter und autonomisierter Superintelligenz haben wir es bei Brattons Modell allerdings keineswegs mit einer Passivierung der Leute zu tun, die glücklich unter dem Schutzschirm der planetaren Überlebens-KI leben. Vielmehr handelt es sich um eine *partizipatorische Technokratie*, in der, wie die Analogie zur Pandemie veranschaulicht, menschliche Arbeit auf ganz unterschiedlichen Ebenen ein zentrales Element der planetaren Sensorik bildet, die in rekursiven Feedback-Schleifen stabilisierend auf sie zurückwirken soll und in der sich daher im Prinzip all jene durchaus zu Hause fühlen könnten, die sich von einer Entpolitisierung von Selbsterhaltungsfragen die Möglichkeit erhoffen, ihre eigene Arbeit an der Stabilisierung der Gesellschaft endlich unter den richtigen Bedingungen verrichten zu können.

Letztlich hat man es bei den Visionen der protektiven Technokratie freilich mit einem für solche Perspektiven typischen Einreißen der Grenze zwischen Politik und Wissenschaft im Interesse einer Stabilisierung sozialer Ordnung zu tun. Der politischen Soziologie stellen sich damit umgehend Fragen nach der Legitimität einer solchen Konstellation, die auch in älteren Versionen technokratischen Denkens einen entscheidenden Aspekt der soziologischen Diskussion ausmachten. Unterstellt war in diesen früheren Debatten eine systematische Differenz zwischen den Sphären der Politik und jener der Wissenschaft, die sich in weiten Teilen aus Max Webers Unterscheidung zwischen »Wissenschaft« und »Politik als Beruf« erschloss.[34] Weber erklärte bekanntlich die »Entzauberung der Welt«[35] zum Hauptgeschäft der Wissenschaft. Wissenschaftlerinnen seien demnach der wertfreien Rationalisierung der modernen Gesellschaft verpflichtet. Politik hingegen benötige »Parteinahme, Kampf, Leidenschaft«,[36] wenngleich sich die Rationalisierung der Gesellschaft auch in der Politik selbst, etwa in deren bürokratischen Apparaten, widerspiegele. Ein Mensch jedoch, der sich die Politik zum Beruf nehme, zeichne sich durch seine Ethik, seinen Charakter und seine gefestigte Persönlichkeit aus. »Nur wer sicher ist«, so Weber, »daß er daran nicht zerbricht, wenn die Welt, von seinem Standpunkt aus gesehen, zu dumm oder zu gemein ist für das, was er ihr bieten will, daß er all dem gegenüber: ›dennoch!‹ zu sagen vermag, nur der hat den ›Beruf‹ zur Politik.«[37] Politische Herrschaft ist in dieser Linie des Denkens, wie man Webers Worten unschwer entnehmen kann, zum einen an ein dezisionistisches Prinzip gebunden, dem zufolge es zum Kern politischer Macht gehört, Entscheidungen »auch gegen Widerstreben durchzusetzen«.[38] Zum anderen ist sie, nicht zuletzt aufgrund dieses Umstandes, Herrschaft auf Widerruf. Ihre Stabilisierung ist konsequent an Fragen der Legitimitätsbewirtschaftung gekoppelt.

Genau an diesen Stellen haben seit je auch technokratische Perspektiven auf die Politik selbst ihre zentralen Ansatzpunkte gefunden. Schon soziologische Vordenker technokratischer Herrschaft – hier noch primär als Herrschaft wissenschaftlich-technischer Experten verstanden – wie etwa Thorstein Veblen kritisierten die Unfähigkeit der politischen Führung dahingehend, dass diese zu »Friktionen in der Arbeitsweise des industriellen Apparats« führe.[39] Das dezisionistische Prinzip der Politik sei gewissermaßen der Kern des Problems der Einmischung von Laien in Felder, die eigentlich Sachverstand verlangten. Wissenschaftliche Rationalität und eine de facto kapitalistischen Interessen verpflichtete Politik stünden sich demnach diametral gegenüber, weshalb das Gesellschaftssystem durch eine technisch gebildete Elite aus Ingenieuren revolutioniert werden solle.[40] Speziell Veblens technokratische Vision war dabei durchaus anschlussfähig an libertär-syndikalistische Perspektiven der sozialen Selbstorganisation bei weitgehender Abwesenheit politischer Herrschaft.[41] Gleichwohl zerbrachen die autonomen Organisationen und Vereine, die sich in Anschluss an Veblen konstituierten, schnell wieder, so dass die technokratische Bewegung in den USA an Bedeutung verlor.[42]

In der europäischen Nachkriegszeit waren es dann französische Autoren wie Jacques Ellul und Jean Meynauds, die mit einflussreichen Büchern die Technokratie stärker als Frage nach der Eigengesetzlichkeit technologischer Entwicklung auf die Agenda setzten und damit auch zunehmend die Bewirtschaftung politischer Legitimität durch wissenschaftlich-technische Entwicklungen zum Thema machten.[43] In Deutschland wurde diese Debatte in den sechziger Jahren verhältnismäßig spät aufgenommen, anschließend aber lebhaft geführt. Ausgangspunkt war Helmut Schelskys Vortrag »Der Mensch in der wissenschaftlichen Zivilisation« im Jahr 1961.[44] Als Effekt der zunehmenden Technisierung der Gesellschaft werde die Bedeutung von Politik mehr und mehr abnehmen. Statt durch ideologische Entscheidungen werde das eigentliche Feld der Politik zunehmend durch technische Eigenlogiken und Sachzwänge bestimmt. »Die moderne Technik«, so Schelsky, bedürfe in der Folge »keiner Legitimität; mit ihr ›herrscht‹ man, weil sie funktioniert und solange sie optimal funktioniert«.[45] Legitimitätsbeschaffung werde obsolet, da es in der wissenschaftlich-technischen Zivilisation nicht mehr primär um die Herrschaft von Menschen über Menschen gehe, sondern um die sachgemäße Bedienung der Apparatur. Die Lösung gesellschaftlicher Stabilisierungsprobleme durch technologische Mittel verwandle die Demokratie sukzessive in einen »technischen Staat«, der »keiner Revolution im sozialen oder politischen Sinne, keiner Verfassungsänderung, keiner ideologischen Bekehrung« bedürfe. Notwendig sei nur die zunehmende Verwendung

> wissenschaftlicher Techniken aller Art, und der technische Staat entsteht im alten Gehäuse. Dieser Tatbestand verdeckt, wie weit wir uns heute schon auf dem Wege zu einem Zustande befinden, in dem die politischen Beziehungen unter Menschen durch die vom Menschen selbst geschaffenen wissenschaftlich-technischen Sachgesetzlichkeiten vermittelt werden.[46]

Unter jenen Kritikerinnen, die sich in der Folge an Schelskys »Modelltheorie« des technischen Staates abarbeiteten, hat insbesondere Claus Offe auf einen Fallstrick in dessen Argumentation hingewiesen, der zufolge Sachzwänge Legitimitätsfragen obsolet machten. »Das politische Dilemma der Technokratie« bestehe, so Offe, in dem Umstand, dass sie als »Systemproblem« weiterhin das reibungslose »Motivationsmanagment« der Bevölkerung zu gewährleisten habe, während sie durch ihre strukturellen Anpassungszwänge überall neue »Risikolagen« erzeuge, die ebenjene Folgebereitschaft problematisieren würden.[47] Da auch der technische Staat von Voraussetzungen lebe, »die er im vorpolitischen Bereich kultureller Disziplinierungen und tradierter Interesseninterpretationen« vorfinde, gleichzeitig aber permanent »zugunsten vorrangiger Gleichgewichtssicherungen« opfern müsse,[48] würden sich Legitimationsbedarfe im Zeichen technokratischer Herrschaft nicht abschwächen, sondern vielmehr radikalisieren. Technokratie wolle Stabilisierungsprobleme lösen, erzeuge dabei aber letztlich selbst immer neue Destabilisierungen.

Im Hintergrund dieser These operiert die Unterstellung, technokratisches Regieren könne im Prinzip selbst keine eigene Quelle der Legitimität darstellen, da es keine Zwecke jenseits der Systemstabilisierung kenne, die es als Sinnbezüge der Lebensführung anzubieten habe. Es fehlten die kulturellen Tradierungen und subjektiven Sinnorientierungen, die in der Lage seien, Systemstabilisierung als zentrale Quelle politischer Legitimitätsbewirtschaftung mehrheitsfähig zu machen. Ein politisches System,

> das seine Impulse allein aus der Sphäre der technologischen Sachzwänge und Überlebensimperative bezieht [...], produziert die Faktoren seiner Selbstgefährdung in der Form von Resultaten politischer Entfremdung: Ein Aggressionspotential, das gegenüber Klassengrenzen, seinen jeweiligen Objekten und Ausdrucksformen relativ unspezifisch und verschiebbar ist und nur an wenigen sozialstrukturell privilegierten Stellen den Rationalisierungsgrad radikaler politischer Kritik erreicht, geht einher mit der Bereitschaft zur

Mythenbildung und einem Verlust an Realitätskontrolle, durch die die Schwierigkeiten einer adäquaten Wahrnehmung politischer Prozesse irrational übersprungen werden.[49]

Tut man recht daran, eine solche Schlussfolgerung heute als Warnung vor im pandemischen Kontext vertraut gewordenen Rationalitätsverlusten zu lesen? Oder stellt sich im Zeichen der adaptiven Gesellschaft nicht vielmehr die Frage, ob das Bild einer Technokratie, die die Menschen entmündigt und daher in den Realitätsverlust treibt, heute den Kern der Sache nicht mehr trifft? Für Letzteres sprechen sicherlich die angestellten Erkundungen von Sinnbezügen im Angesicht eines Primats der Selbsterhaltung. Sie projizieren einen reflexiven Verzicht auf die Grammatik der Modernisierung und damit einen Zugriff auf Herrschaft, der der Lebensführung entspringt, statt sich ihr aufzuzwingen. Dabei ist es keineswegs die entpolitisierte Herrschaft kapitalistischer Sachzwänge – also die neoliberale Technokratie von Finanzindustrie und Austeritätsdogma –, die die Menschen einklagen oder der sie sich in ideologischer Verblendung freimütig fügen. Vielmehr wohnt der adaptiven Gesellschaft die Sehnsucht nach einer protektiven Technokratie inne, die sich aus der Wahrnehmung realer Selbsterhaltungsprobleme ergibt und die mit dem Selbstzweck der Kapitalakkumulation grundsätzlich bräche.

Um der adaptiven Lebensführung die richtigen Bedingungen zu bieten, hätte sich die entsprechende politische Herrschaft mit dem ludischen Experimentalismus der adaptiven Praxis zu verschwistern. Jene Technokratie, die den Fluchtpunkt dieser Vorstellungen bildet, fände als Prinzip eines Formwandels der Demokratie womöglich durchaus Zustimmung, weil sie die kulturellen Tradierungen und subjektiven Sinnorientierungen der adaptiven Gesellschaft aufnähme. Ob eine solche Herrschaft langfristig legitimationsfähig und damit stabilisierbar wäre, entschiede sich wohl an den Fragen, wie nachhaltig die sie motivierenden Selbsterhaltungsprobleme die gesellschaftliche Selbstwahrnehmung prägen und wie sehr die entsprechenden Gesellschaften in der Lage wären, die Partizipation an technokratischer Selbsterhaltung als sinnhaften Bezug der Lebensführung auf Dauer zu stellen – eine im Zeichen von Klimawandel, radikalisierten Ungleichheiten und subjektiven Überlastungen nicht nur plausible, sondern fast zwingend wirkende Entwicklung. Protektive Technokratie bildet dann den Fluchtpunkt des Gesellschaftsvertrags der adaptiven Gesellschaft. Sie ersetzt das materialistische wie auch das expressive Versprechen der Modernisierung durch eines der Entfaltung von Freiheit im Kontext kollektiver und individueller Selbsterhaltung. Positiv bedeutet Anpassung die Mobilisierung für diese Freiheit.

# Anmerkungen

## 1. Einleitung: Metamorphosen der Anpassung

1 Ulrich Beck, Risikogesellschaft. Auf dem Weg in eine andere Moderne, Frankfurt am Main: Suhrkamp 1986, S. 37.
2 Vgl. Karl Polanyi, *The Great Transformation. Politische und ökonomische Ursprünge von Gesellschaften und Wirtschaftssystemen*, Frankfurt am Main: Suhrkamp 1995 [1944].
3 Vgl. Klaus Dörre/Hartmut Rosa/Karina Becker/Sophie Bose/Benjamin Seyd (Hg.), *Große Transformation? Zur Zukunft moderner Gesellschaften*, Sonderband des *Berliner Journals für Soziologie*, Wiesbaden: Springer 2019.
4 Polanyi, *The Great Transformation*, a. a. O.
5 Vgl. Heinz Bude, *Das Gefühl der Welt. Über die Macht von Stimmungen*, München: Hanser 2016.
6 Émile Durkheim, *Über soziale Arbeitsteilung. Studie über die Organisation höherer Gesellschaften*, Frankfurt am Main: Suhrkamp 1992 [1893].
7 Ralf Dahrendorf, *Lebenschancen. Anläufe zur sozialen und politischen Theorie*, Frankfurt am Main: Suhrkamp 1979.
8 Vgl. Andreas Reckwitz, *Die Gesellschaft der Singularitäten. Zum Strukturwandel der Moderne*, Berlin: Suhrkamp 2018.
9 Andreas Reckwitz, »Gesellschaftstheorie als Werkzeug«, in: Andreas Reckwitz/Hartmut Rosa, *Spätmoderne in der Krise. Was leistet die Gesellschaftstheorie?*, Berlin: Suhrkamp 2021, S. 23-150, S. 72ff.
10 Mehr zu den Fallstricken des meritokratischen Leistungsprinzips findet sich bei Michael J. Sandel, *Vom Ende des Gemeinwohls. Wie die Leistungsgesellschaft unsere Demokratien zerreißt*, Frankfurt am Main: Fischer 2020; Sighard Neckel, »Die Wirklichkeit des Leistungsprinzips. Ansprüche, Krisen, Kritik«, in: *Kurswechsel* 3 (2012), S. 64-70; Pierre Bourdieu/Jean-Claude Passeron, *Die Illusion der Chancengleichheit. Untersuchungen zur Soziologie des Bildungswesens am Beispiel Frankreichs*, Stuttgart: Klett 1971.
11 Ronald Inglehart, *Kultureller Umbruch. Wertwandel in der westlichen Welt*, Frankfurt am Main/New York: Campus 1995; Abra-

ham Maslow, »A theory of human motivation«, in: *Psychological Review* 50/4 (1943), S. 370-396.

12 Vgl. Beck, *Risikogesellschaft*, a. a. O.

13 Ulrich Beck, *Die Erfindung des Politischen. Zu einer Theorie reflexiver Modernisierung*, Frankfurt am Main: Suhrkamp 1993.

14 Vgl. Stephan Lessenich, *Neben uns die Sintflut. Die Externalisierungsgesellschaft und ihr Preis*, München: Hanser Berlin 2016.

15 Beck, *Die Erfindung des Politischen*, a. a. O., S. 115.

16 Vgl. Eva von Redecker, *Revolution für das Leben. Philosophie der neuen Protestformen*, Frankfurt am Main: Fischer 2020, S. 183.

17 Vgl. Anna Lowenhaupt Tsing, *Der Pilz am Ende der Welt. Über das Leben in den Ruinen des Kapitalismus*, Berlin: Matthes & Seitz 2018.

18 Vgl. Tsing, *Der Pilz am Ende der Welt*, a. a. O., S. 20.

19 Was hier noch angedeutet bleibt, wird in öffentlich durchaus erfolgreichen Kollaps-Prognosen auf das Ende von Gesellschaft hin zugespitzt. Das Denken der Kollapsologen beginnt etwa beim Zusammenbruch der Energiesysteme, der binnen weniger Tage die gesamte moderne Zivilisation in Abgründe zu reißen droht, die nur mehr »Hunger, Zerstörung, Migration, Krankheit und Krieg« in Aussicht stellen; vgl. etwa Pablo Servigne/Raphaël Stevens, *How Everything Can Collapse. A Manual for Our Times*, Cambridge: Polity 2020.

20 Vgl. Klaus Dörre, »Risiko Kapitalismus«, in: Dörre, Rosa et al. (Hg.), *Große Transformation?*, a. a. O., S. 3-33.

21 Beck, *Die Erfindung des Politischen*, a. a. O.

22 Vgl. Max Weber, *Die protestantische Ethik und der Geist des Kapitalismus*, Berlin: Holzinger 2016 [1904/05].

23 Ingolfur Blühdorn, *Simulative Demokratie. Neue Politik nach der postdemokratischen Wende*, Berlin: Suhrkamp 2013.

24 Es handelt sich, im Vokabular Isaiah Berlins, gewissermaßen um eine negative Freiheit von spezifischen Zumutungen positiver Freiheit. Entlastung, nicht Kontingenzöffnung bildet ihr zentrales Motiv; vgl. Isaiah Berlin, »Zwei Freiheitsbegriffe« (1969), in: ders., *Freiheit. Vier Versuche*, Frankfurt am Main: Fischer 2006, S. 197-256.

25 Vgl. Hartmut Rosa, *Beschleunigung und Entfremdung. Entwurf einer kritischen Theorie spätmoderner Zeitlichkeit*, Berlin: Suhrkamp 2013.

## 2. Von Selbstentfaltung zu Selbsterhaltung

1 Bruno Latour, »Refugium Europa«, in: *Die große Regression. Eine internationale Debatte über die geistige Situation der Zeit*, herausgegeben von Heinrich Geiselberger, Berlin: Suhrkamp 2017, S. 135-148.
2 Vgl. Hartmut Rosa, *Unverfügbarkeit*, Berlin: Suhrkamp 2020.
3 Ebd.
4 Karl-Heinz Hillmann/Günter Hartfiel, *Wörterbuch der Soziologie*, Stuttgart: Kröner 2007, S. 29.
5 Talcott Parsons, *The Structure of Social Action. A Study in Social Theory with Special Reference to a Group of Recent European Writers*, New York: The Free Press 1949.
6 Vgl. Thomas Hobbes, *Leviathan*, Hamburg: Meiner 2015 [1651].
7 Vgl. Durkheim, *Über soziale Arbeitsteilung*, a. a. O.
8 Vgl. Émile Durkheim, *Physik der Sitten und des Rechts. Vorlesungen zur Soziologie der Moral*, Frankfurt am Main: Suhrkamp 1991 [1890].
9 Talcott Parsons, *The Social System*, New York: Free Press 1979.
10 Parsons, *The Structure of Social Action*, a. a. O., S. 91.
11 Vgl. Émile Durkheim, *Der Selbstmord*, Frankfurt am Main: Suhrkamp 2019 [1897].
12 Die auf Max Weber zurückgehende Metapher des »stahlharten Gehäuses der Hörigkeit« drückt seine Annahme des voranschreitenden Rationalisierungsprozesses in der kapitalistischen Gesellschaft aus, der die Menschen letztlich in jedem Lebensbereich durchdringen und auf diese Weise ihr Bewusstsein und ihr Handeln prägen würde; vgl. *Max-Weber-Handbuch. Leben – Werk – Wirkung*, herausgegeben von Hans-Peter Müller und Steffen Sigmund, Stuttgart/Weimar: Metzler 2020.
13 Christian Marty, »Freiheit«, in: Müller/Sigmund (Hg.), *Max-Weber-Handbuch*, a. a. O., S. 70-72.
14 Karl Marx, »Deutsche Ideologie«, in: Karl Marx/Friedrich Engels, *Werke*, Band 3, Berlin: Dietz 1978 [1845/46], S. 9-323, S. 33.
15 Vgl. Aaron Benanav, *Automatisierung und die Zukunft der Arbeit*, Berlin: Suhrkamp 2021.
16 Ebd.
17 Herbert Marcuse, *Der eindimensionale Mensch. Studien zur Ideologie der fortgeschrittenen Industriegesellschaft*, München: dtv 2004 [1964], S. 94.

18 Vgl. Max Horkheimer/Theodor W. Adorno, *Dialektik der Aufklärung. Philosophische Fragmente*, Frankfurt am Main: Suhrkamp 2003 [1944].

19 Marcuse, *Der eindimensionale Mensch*, a. a. O, S. 95.

20 Vgl. Stephan Lessenich, *Die Neuerfindung des Sozialen. Der Sozialstaat im flexiblen Kapitalismus*, Bielefeld: Transcript 2009.

21 Vgl. Wolfgang Streeck, »Citizens as customers. Considerations on the new politics of consumption«, in: *New Left Review* 76 (2012), S. 27-47.

22 Vgl. Philipp Staab, *Digitaler Kapitalismus. Markt und Herrschaft in der Ökonomie der Unknappheit*, Berlin: Suhrkamp 2019; Philipp Staab, *Falsche Versprechen. Wachstum im digitalen Kapitalismus*, Hamburg: Hamburger Edition 2016.

23 Vgl. Holger Alda/Friedl Hauss/Rainer Land/Andreas Willisch, »Erwerbsverläufe und sekundärer Integrationsmodus. Ergebnisse einer empirischen Untersuchung der Beschäftigungs-Leistung-Historik (BLH) des IAB«, in: *Berliner Debatte Initial* 6 (2003); Lessenich, *Die Neuerfindung des Sozialen*, a. a. O.

24 Vgl. Wolfgang Streeck, *Zwischen Globalismus und Demokratie. Politische Ökonomie im ausgehenden Neoliberalismus*, Berlin: Suhrkamp 2021.

25 Vgl. Shoshana Zuboff, *Das Zeitalter des Überwachungskapitalismus*, Frankfurt am Main/New York: Campus 2018.

26 Vgl. Staab, *Digitaler Kapitalismus*, a. a. O.; Philipp Staab/Thorsten Thiel, »Privatisierung ohne Privatismus. Soziale Medien im digitalen Strukturwandel der Öffentlichkeit«, in: Martin Seeliger/Sebastian Sevignani (Hg.), *Ein neuer Strukturwandel der Öffentlichkeit?*, Baden-Baden: Nomos 2021, S. 277-297; Joseph Vogl, *Kapital und Ressentiment. Eine kurze Theorie der Gegenwart*, München: Beck 2021.

27 Dahrendorf, *Lebenschancen*, a. a. O.

28 Vgl. Beck, *Die Erfindung des Politischen*, a. a. O.

29 Beck, *Risikogesellschaft*, a. a. O.

30 Stephan Lessenich, »Die Dialektik der Demokratie. Grenzziehungen und Grenzüberschreitungen im Wohlfahrtskapitalismus«, in: *Was stimmt nicht mit der Demokratie? Eine Debatte mit Klaus Dörre, Nancy Fraser, Stephan Lessenich und Hartmut Rosa*, herausgegeben von Hanna Ketterer und Karina Becker, Berlin: Suhrkamp 2019, S. 121-138.

31 Ingolfur Blühdorn, »Die Gesellschaft der Nicht-Nachhaltigkeit.

Skizze einer umweltsoziologischen Gegenwartsdiagnose«, in: Ingolfur Blühdorn/Felix Butzlaff/Michael Deflorian/Daniel Hausknost/Mirijam Mock, *Nachhaltige Nicht-Nachhaltigkeit. Warum die ökologische Transformation der Gesellschaft nicht stattfindet*, Bielefeld: Transcript 2020, S. 83-160.

32 Ebd., S. 119.

33 Ebd., S. 124.

34 Ebd., S. 124.

35 Ebd., S. 118.

36 Vgl. Eva Wunderer/Frida Hierl/Maya Götz, *Einfluss sozialer Medien auf Körperbild, Essverhalten und Essstörungen*, in: *PiD – Psychotherapie im Dialog* 24 (2022), S. 85-89.

37 Vgl. Romain Felli, *The Great Adaptation. Climate, Capitalism and Catastrophe*, London/New York: Verso 2021.

38 Der Satz ist seither zu einer ikonischen Formel für vermeintlich alternativlose Sachzwänge geworden, denen mit den neoliberalen Reformen der achtziger und neunziger Jahre begegnet werden sollte.

39 Felli, *The Great Adaptation*, a. a. O.

40 Vgl. zur theoretischen und praktischen Nähe von neoliberalen und technokratischen Ideen Ray Kiely, »From authoritarian liberalism to economic technocracy: Neoliberalism, politics and ›de-democratization‹«, in: *Critical Sociology* 43/4-5 (2017), S. 725-745; Patricio Silva, »Neoliberalism, democratization, and the rise of technocrats«, in: *The Changing Role of the State in Latin America*, herausgegeben von Menno Velingo, London: Routledge 1998, S. 75-92.

41 Vgl. Blühdorn, *Simulative Demokratie*, a. a. O., S. 116.

42 Ebd.

43 Ebd., S. 89f.

44 Ebd., S. 56.

45 Paolo Gerbaudo, *The Great Recoil. Politics After Populism and Pandemic*, London/New York: Verso 2021, S. 10.

46 Vgl. Ralf Dahrendorf, *Konflikt und Freiheit. Auf dem Weg zur Dienstklassengesellschaft*, München: Piper 1972.

47 Vgl. Wolfgang Streeck, *Gekaufte Zeit. Die vertagte Krise des demokratischen Kapitalismus*, Berlin: Suhrkamp 2013.

48 Ebd.

49 Ich spreche hier von der »eigentlichen Wirtschaft«, denn, wie Aaron Sahr gezeigt hat, spielt gerade die Finanzökonomie jenseits

der Regeln der üblichen Wirtschaft, ist ihr doch über den Kreditmechanismus eine »paraökonomische« Praxis konstitutiv eingebaut; vgl. Aaron Sahr, *Das Versprechen des Geldes. Eine Praxistheorie des Kredits*, Hamburg: Hamburger Edition 2017; Aaron Sahr, *Keystroke-Kapitalismus. Ungleichheit auf Knopfdruck*, Hamburg: Hamburger Edition 2017.

50 In der Folge verdoppelte sich etwa in den USA zwischen den sechziger Jahren und der Jahrtausendwende der Anteil der Finanzindustrie an den erwirtschafteten Profiten von 15 auf fast 31 Prozent bei gleichzeitigem Wachstum des Schuldenstandes von Unternehmen und Staaten, was die Finanzierung öffentlicher Dienstleistungen zunehmend erschwerte. Mit dem Kollaps der Bank Lehman Brothers im Jahr 2008 brach dieser Expansionszyklus zwar spektakulär zusammen, das Wachstums- und Stabilisierungsproblem des Kapitalismus jedoch blieb, ebenso wie dessen finanzialisierte Struktur, weiter bestehen; vgl. Staab, *Digitaler Kapitalismus*, a. a. O., S. 86.

51 Vgl. Joseph Vogl, *Das Gespenst des Kapitals*, Zürich: Diaphanes 2011.

52 Robert Gordon, *The Rise and Fall of American Growth. The U. S. Standard of Living since the Civil War*, Princeton/Oxford: Princeton University Press 2016.

53 Streeck, *Gekaufte Zeit*, a. a. O.; Wolfgang Streeck, *How Will Capitalism End? Essays on a Failing System*, London/New York: Verso 2016.

54 Das ganze Modell der Online-Werbung etwa – bei Google für über 80, bei Facebook sogar für 98 Prozent der Gewinne verantwortlich – basiert auf dem Versprechen, dass sich die in der Gegenwart getätigten Ausgaben für einen Werbeplatz lohnen werden, weil sie Verkäufe und damit Profite in der Zukunft garantieren; vgl. Staab, *Digitaler Kapitalismus*, a. a. O., S. 36-37; Vogl, *Kapital und Ressentiment*, a. a. O.

55 Vgl. Neil Fligstein/Zawadi Rucks-Ahidiana, »The rich got richer: The effects of the financial crisis on household well-being, 2007-2009«, RLE Working Paper No. 121-15, 2015; Moritz Kuhn/Moritz Schularick/Ulrike Steins, »Research: How the financial crisis drastically increased wealth inequality in the U. S.«, in: *Harvard Business Review* 13 (2018), online verfügbar unter: {https://hbr.org/2018/09/research-how-the-financial-crisis-drastically-increased-wealth-inequality-in-the-u-s}.

56 Salvatore Morelli, »Banking crises in the US: The response of top income shares in a historical perspective«, in: *The Journal of Economic Inequality* 16/2 (2018), S. 257-94, online verfügbar unter: {https://doi.org/10.1007/s10888-018-9387-9}; Vanda Almeida, »Income inequality and redistribution in the aftermath of the 2007-2008 crisis: The U.S. case«, in: *National Tax Journal* 73/1 (2020), S. 77-115, online verfügbar unter: {https://doi.org/10.17310/ntj.2020.1.03}.

57 Esmé Berkhout et al., »The inequality virus. Bringing together a world torn apart by coronavirus through a fair, just and sustainable economy«, Oxford: Oxfam International 2021; Chuck Collins, »U.S. billionaire wealth surged by 70 percent, or $ 2.1 trillion, during pandemic«, in: *Institute for Policy Studies* (18. Oktober 2021), online verfügbar unter: {https://ips-dc.org/u-s-billionaire-wealth-surged-by-70-percent-or-2-1-trillion-during-pandemic-theyre-now-worth-a-combined-5-trillion/}.

58 Branko Milanović verwendet den Begriff der Hyperreichen für Personen mit einem Nettovermögen von mindestens einer Milliarde US-Dollar im Jahr 1987 und mindestens zwei Milliarden im Jahr 2013. Wirft man einen Blick auf die stetige Konzentration des weltweiten Vermögens in den letzten Jahren, wird die zunehmende globale Ungleichheit noch eindrücklicher: Der Anteil des reichsten 1 Prozent am globalen Vermögen ist zwischen 2000 und 2013 von 32 auf 46 Prozent gestiegen. Ebenso erschreckend wirkt die Entwicklung der Einkommens- und Vermögensungleichheit in den USA – der größten Volkswirtschaft der Welt –, die wieder auf das Niveau des frühen 20. Jahrhunderts angewachsen ist; vgl. Branko Milanović, *Die ungleiche Welt. Migration, das Eine Prozent und die Zukunft der Mittelschicht*, Berlin: Suhrkamp 2016, S. 52f.

59 Vgl. Daniel Bell, *Die nachindustrielle Gesellschaft*, Reinbek bei Hamburg: Rowohlt 1979.

60 Polanyi, *The Great Transformation*, a. a. O.

61 Andreas Reckwitz, *Das Ende der Illusionen. Politik, Ökonomie und Kultur in der Spätmoderne*, Berlin: Suhrkamp 2019.

62 Ebd., S. 203-239.

63 Ulrich Bröckling, *Das unternehmerische Selbst. Soziologie einer Subjektivierungsform*, Frankfurt am Main: Suhrkamp 2007.

64 Christoph Menke/Juliane Rebentisch (Hg.), *Kreation und Depression. Freiheit im gegenwärtigen Kapitalismus*, Berlin: Kulturverlag Kadmos 2010, S. 7.

65 Reckwitz, *Die Gesellschaft der Singularitäten*, a. a. O.

66 John H. Goldthorpe, »The service class revisited«, in: *Social Change And The Middle Classes*, herausgegeben von Tim Butler und Mike Savage, London: UCL Press 1995, S. 313-329; Daniel Oesch, *Redrawing the Class Map. Stratification and Institutions in Britain, Germany, Sweden, and Switzerland*, Basingstoke/New York: Palgrave Macmillan 2006.

67 Gøsta Esping-Andersen (Hg.), *Changing Classes. Stratification and Mobility in Post-Industrial Societies*, London/Newbury Park/New Delhi: Sage 1993; Hans-Peter Blossfeld/Karl Ulrich Mayer, »Berufsstruktureller Wandel und soziale Ungleichheit. Entsteht in der Bundesrepublik ein neues Dienstleistungsproletariat?«, in: *Soziologische Theorie und Empirie*, herausgegeben von Jürgen Friederichs, Opladen: Westdeutscher Verlag 1991, S. 235-260; Philipp Staab, *Macht und Herrschaft in der Servicewelt*, Hamburg: Hamburger Edition 2014; Friederike Bahl/Philipp Staab, »Die Proletarisierung der Dienstleistungsarbeit. Institutionelle Selektivität, Arbeitsprozess und Zukunftsperzeption im Segment einfacher Dienstleistungsarbeit«, in: *Soziale Welt* 66/4 (2015), S. 371-387.

68 Ebd.

69 David Goodhart, *The Road to Somewhere. The Populist Revolt and the Future of Politics*, London: Hurst 2017.

70 Vgl. Heinz Bude, *Gesellschaft der Angst*, Hamburg: Hamburger Edition 2014; Steffen Mau, *Lebenschancen. Wohin driftet die Mittelschicht?*, Berlin: Suhrkamp 2012.

71 Alain Ehrenberg, *Das erschöpfte Selbst. Depression und Gesellschaft in der Gegenwart*, Frankfurt am Main/New York: Campus 2004.

72 Während neurotische Spannungen primär als Charakteristikum einer Gesellschaft gedeutet werden, die Disziplin predigt, mit Verboten bewehrt ist und damit individuelle Konflikte bei Normabweichung erzeugt, ist die Gruppe der depressiven Erkrankungen soziologisch als Ausdruck gesellschaftlicher Selbstverwirklichungsüberforderungen interpretiert worden; vgl. Alain Ehrenberg, »Depression. Unbehagen in der Kultur oder neue Formen der Sozialität«, in: *Kreation und Depression. Freiheit im gegenwärtigen Kapitalismus*, herausgegeben von Christoph Menke und Juliane Rebentisch, Berlin: Kulturverlag Kadmos 2010, S. 52-63, S. 54 (Hervorhebung im Original).

73 Die Anhäufung der Enttäuschungserfahrungen in der gegenwärtigen Gesellschaft wird soziologisch mit der ubiquitären Konfrontation der Subjekte mit Leistungs- und Handlungsgeboten erklärt. Diesen nachzukommen stellt für immer mehr Menschen eine Überforderung dar, die die Stabilisierung ihrer Lebensführung gefährdet; vgl. Elin Thunman, »Burnout als soziopathologisches Symptom der Selbstverwirklichung«, in: *Leistung und Erschöpfung. Burnout in der Wettbewerbsgesellschaft*, herausgegeben von Sighard Neckel und Greta Wagner, Berlin: Suhrkamp 2013, S. 58-85, S. 66.

74 Herbert J. Freudenberger, »Burn-out: The organizational menace«, in: *Training & Development Journal* 31/7 (1977), S. 26-27; Neckel/Wagner (Hg.), *Leistung und Erschöpfung*, a. a. O.

75 Thunman, »Burnout als soziopathologisches Symptom«, a. a. O., S. 66.

76 Vgl. Seymour Martin Lipset, *Political Man. The Social Bases of Politics*, Garden City: Doubleday 1960; Ted Robert Gurr, *Why Men Rebel*, Princeton/Oxford: Princeton University Press 1970.

77 Gurr, *Why Men Rebel*, a. a. O.

78 Jan-Werner Müller, *Was ist Populismus? Ein Essay*, Berlin: Suhrkamp 2016; vgl. auch Gerbaudo, *The Great Recoil*, a. a. O.

79 Die ungefähre Schätzung ergibt sich aus der Zahl der Länder, die seit 1989 die Charakteristika sozialistischer Staaten, insbesondere die Planwirtschaft, sukzessive abgelegt haben. Dabei werden die Nachfolgestaaten der Sowjetunion und Jugoslawiens einzeln erfasst.

80 International Resource Panel (IRP) (Hg.), *Global Resources Outlook 2019. Natural Resources for the Future We Want*, A Report of the International Resource Panel, Nairobi: United Nations Environment Program 2019, S. 7f.

81 IRP (Hg.), *Assessing Global Resource Use. A Systems Approach to Resource Efficiency and Pollution Reduction*, A Report of the International Resource Panel, Nairobi: United Nations Environment Program, 2017, S. 18-29.

82 Karina Winkler et al., »Global land use changes are four times greater than previously estimated«, in: *Nature Communications* 12/1 (2021), S. 1-10, S. 2, online verfügbar unter: {https://doi.org/10.1038/s41467-021-22702-2}.

83 United Nations Environment Program (UNEP) (Hg.), *Assessing Global Land Use: Balancing Consumption with Sustainable Sup-*

*ply. A Report of the Working Group on Land and Soils of the International Resource Panel*, Nairobi: United Nations Environment Program 2014, S. 25; IPBES (Hg.), *Global Assessment Report on Biodiversity and Ecosystem Services of the Intergovernmental Science-Policy Platform on Biodiversity and Ecosystem Services*, Bonn: IPBES 2019, online verfügbar unter: {https://doi.org/10.5281/zenodo.5657041}.

84 Der Global Living Planet Index zeigt eine Abnahme der Populationsgrößen von Säugetieren, Vögeln, Amphibien, Reptilien und Fischen um durchschnittlich 68 Prozent zwischen 1970 und 2016. Bis zu einer Million Arten sind aktuell vom Aussterben bedroht, etwa die Hälfte davon aufgrund der Zerstörung ihrer natürlichen Lebensräume, vgl. Food and Agriculture Organization (FAO)/UNEP (Hg.), *The State of the World's Forests 2020. Forests, Biodiversity and People*, Rom: Food and Agriculture Organization 2020, S. 12, online verfügbar unter: {https://doi.org/10.4060/ca8642en}; IRP (Hg.), *Assessing Global Land Use: Balancing Consumption with Sustainable Supply. A Report of the Working Group on Land and Soils of the International Resource Panel*, a. a. O., S. 27; IPBES (Hg.), *Global Assessment Report on Biodiversity and Ecosystem Services of the Intergovernmental Science-Policy Platform on Biodiversity and Ecosystem Services*, a. a. O., S. 119.

85 Reckwitz, *Die Gesellschaft der Singularitäten*, a. a. O.

86 Es gibt wenige verlässliche Quellen zur Gesamtanzahl von Autos auf der Welt. In der Regel handelt es sich bei den Zahlen aufgrund der schlechten Datenlage um Schätzungen. Einige davon finden sich unter: International Organization of Motor Vehicle Manufacturers (IOICA), »World vehicles in use – all vehicles«, IOICA, 2022, online verfügbar unter: {https://www.oica.net/category/vehicles-in-use/}; Andrew Chesterton, »How many cars are there in the world?«, *Cars Guide* (2018), online verfügbar unter: {https://www.carsguide.com.au/car-advice/how-many-cars-are-there-in-the-world-70629}; Hedges & Company, »How many cars are there in the world in 2022?«, 2021, online verfügbar unter: {https://hedgescompany.com/blog/2021/06/how-many-cars-are-there-in-the-world/}.

87 Jeremy Rifkin, *Die Null-Grenzkosten-Gesellschaft. Das Internet der Dinge, kollaboratives Gemeingut und der Rückzug des Kapitalismus*, Frankfurt am Main/New York: Campus 2014.

88 Um den täglichen Energiebedarf aller IKT-Geräte zu decken, müsste die gesamte Erdbevölkerung auf Heimtrainern »in drei aufeinanderfolgenden Achtstundenschichten rund um die Uhr in die Pedale treten«; Lange/Santarius, *Smarte grüne Welt?*, a. a. O., S. 27.

89 Lange/Santarius, *Smarte grüne Welt?*, a. a. O.

90 Lessenich, *Neben uns die Sintflut*, a. a. O.; Göran Therborn, »The killing fields of inequality«, in: *International Journal of Health Services* 42/4 (2012), S. 579-89.

91 Vgl. Stephen Emmott, *Zehn Milliarden*, Berlin: Suhrkamp 2013, S. 146ff.

92 Jem Bendell/Rupert Read (Hg.), *Deep Adaptation. Navigating the Realities of Climate Chaos*, Cambridge/Medford: Polity 2018; Servigne/Stevens, *How Everything Can Collapse*, a. a. O.

93 Jem Bendell, *Deep Adaptation (Tiefenanpassung). Ein Wegweiser, um uns durch die Klimakatastrophe zu führen*, IFLAS Occasional Paper 2 (2018), online verfügbar unter: {https://lifeworth.com/DeepAdaptation-de.pdf}.

94 Mark Pelling, *Adaptation to Climate Change. From Resilience to Transformation*, London: Routledge 2010, online verfügbar unter: {https://doi.org/10.4324/9780203889046}.

95 Bendell, *Deep Adaptation (Tiefenanpassung)*, a. a. O.

96 Ebd.

97 Ebd.

### 3. Die Ent-Täuschung der Moderne

1 Theodor W. Adorno, *Stichworte. Kritische Modelle 2*, Frankfurt am Main: Suhrkamp 1969.

2 Reinhart Koselleck/Christian Meier, »Fortschritt«, in: *Geschichtliche Grundbegriffe. Historisches Lexikon zur politisch-sozialen Sprache in Deutschland*, Bd. 2, herausgegeben von Otto Brunner, Werner Conze und Reinhart Koselleck, Stuttgart: Klett-Cotta 1997, S. 351-423.

3 Ebd., S. 352.

4 Ebd., S. 353.

5 Sighard Neckel, »Im Angesicht der Katastrophe«, in: *Blätter für deutsche und internationale Politik* 2 (2021), S. 51-58.

6 Tsing, *Der Pilz am Ende der Welt*, a. a. O., S. 38.

7 Im Rahmen der Shell-Jugendstudie werden seit 1953 regelmäßig Erwartungen und Einstellungen von Jugendlichen in Deutschland erforscht. Die 1981 durchgeführte 9. Studie umfasste eine Stichprobe von 1077 Jugendlichen zwischen 15 und 24 Jahren; vgl. Jugendwerk der Deutschen Shell (Hg.), *Jugend '81. Lebensentwürfe, Alltagskulturen, Zukunftsbilder. Studie im Auftrag des Jugendwerks der Deutschen Shell*, Opladen: Leske Budrich 1982.

8 Jugendwerk der Deutschen Shell (Hg.), *Jugend '81*, a.a.O., S. 384f.

9 Ebd., S. 387f. (Hervorhebungen im Original).

10 In der Shell-Jugendstudie von 2002 wurde erstmalig eine pragmatische Haltung bei Jugendlichen identifiziert, die sich in einer hohen Relevanz von individuellen Lebensgestaltungsmöglichkeiten wie Familie und Karriere ausdrückt. Auch in den darauffolgenden Studien in den Jahren 2006, 2010 und 2015 konnte diese pragmatische Haltung bei den Jugendlichen wieder beobachtet werden, gleichzeitig jedoch auch eine Politisierungstendenz. In der letzten Studie von 2019 stellen die Autoren fest, dass die Jugend deutlich politischer ist, es jedoch weiterhin schafft, »diese neuen Orientierungen in ein pragmatisches Grundmuster einzuflechten«. Mathias Albert/Klaus Hurrelmann/Gudrun Quenzel, *Jugend 2019. Eine Generation meldet sich zu Wort*, Weinheim/Basel: Beltz 2019, S. 323; vgl. Hurrelmann/Albert, *Jugend 2002. Zwischen pragmatischem Idealismus und robustem Materialismus*, Frankfurt am Main: Fischer 2004; Hurrelmann/Albert, *Jugend 2006. Eine pragmatische Generation unter Druck*, Frankfurt am Main: Fischer 2006; Albert/Hurrelmann/Quenzel, *Jugend 2010. Eine pragmatische Generation behauptet sich*, Frankfurt am Main: Fischer 2010; Albert/Hurrelmann/Quenzel, *Jugend 2015. Eine pragmatische Generation im Aufbruch*, Frankfurt am Main: Fischer 2015.

11 2002 gaben nur 34 Prozent der Jugendlichen an, politisch interessiert zu sein. Zum Vergleich: 1984 lag der Wert noch bei 55 Prozent, bei der aktuellen Studie von 2019 waren es 45 Prozent; vgl. Albert/Hurrelmann/Quenzel, *Jugend 2019*, a.a.O., S. 49.

12 Ebd., S. 20.

13 Ebd.

14 Beck, *Die Erfindung des Politischen*, a.a.O., S. 57ff.

15 Ebd., S. 91ff.

16 Dies zeigt auch eine aktuelle psychologische Zukunftsstudie des Rheingold-Instituts mit 1000 Befragten, die im August 2021 und damit während der Pandemie durchgeführt wurde. Wie schon bei den Shell-Jugendstudien erscheint ein großer Riss zwischen der ungewissen Zukunft und dem, was im Hier und Jetzt getan werden kann. Diese Wahrnehmung spiegelt sich auch in den Zukunftserwartungen: Während 64 Prozent der Befragten mindestens eher optimistisch hinsichtlich ihrer eigenen Zukunft sind, sehen 59 Prozent die gesellschaftliche Zukunft weniger rosig. Allerdings wird auch hier bereits angedeutet, dass die Selbstwirksamkeit, die im privaten Nahbereich erfahren wird, ein gestalterisches Potenzial mit sich bringt, das sich auch auf andere Bereiche übertragen könnte. So geben viele Menschen an, dass ihr eigener Beitrag für eine lebenswerte Zukunft in ihrem eigenen Wirkungskreis ansetzt, indem sie beispielsweise Zivilcourage zeigten (77 Prozent Zustimmung) oder ein gutes Beispiel für das soziale Umfeld abgäben (89 Prozent Zustimmung); vgl. Rheingold Institut, »Psychologische Grundlagenstudie. Zum Stimmungs- und Zukunftsbild in Deutschland« (2021), online verfügbar unter: {https://www.rheingoldnews.de/webinare/Ergebnisse%20Zukunftsstudie_final.pdf}.

17 Markus Promberger et al., »Chancen des Resilienzbegriffes für eine soziologische Armutsforschung«, in: *Resilienz im Sozialen. Theoretische und empirische Analysen*, herausgegeben von Martin Endreß und Andrea Maurer, Wiesbaden: Springer 2015, S. 265-294; Bröckling, *Gute Hirten führen sanft*, a.a.O.

18 Suniya S. Luthar/Dante Cicchetti/Bronwyn Becker, »The construct of resilience: A critical evaluation and guidelines for future work«, in: *Child Development* 71/3 (2000), S. 543-62, online verfügbar unter: {https://doi.org/10.1111/1467-8624.00164}.

19 Stefanie Graefe/Karina Becker (Hg.), *Mit Resilienz durch die Krise? Anmerkungen zu einem gefragten Konzept*, München: oekom 2021.

20 Auch im Internet sind digitale Beratungsangebote entstanden, die ein erhöhtes subjektives Wohlbefinden in Aussicht stellen. Die University of Pennsylvania (https://covid19resilience.org) und das Institut für Gesundheit und Entwicklung für Menschen und Organisationen (https://www.resilienzstudie.com) bieten beispielsweise im Rahmen ihrer Forschung zur Covid-19-Pandemie individualisierte Resilienz-Checks an. Die University of

Pennsylvania wirbt dabei damit, personalisierte Handlungsempfehlungen geben zu können, die wiederum zu einem erhöhten subjektiven Wohlbefinden führen sollen.

21 Carl Folke, »Resilience: The emergence of a perspective for social-ecological systems analyses«, in: *Global Environmental Change* 16/3 (2006), S. 253-267; Marjolein Sterk/Ingrid A van de Leemput/Edwin THM Peeters, »How to conceptualize and operationalize resilience in socio-ecological systems?«, in: *Current Opinion in Environmental Sustainability* 28 (2017), S. 108-113.

22 Crawford S. Holling, »Resilience and stability of ecological systems«, in: *Annual Review of Ecology and Systematics* 4 (1973), S. 1-23.

23 Endreß/Maurer (Hg.), *Resilienz im Sozialen*, a. a. O.

24 Vgl. Stefan Kaufmann, »Resilienz als Sicherheitsprogramm. Zum Janusgesicht eines Leitprogramms«, in: Endreß/Maurer (Hg.), *Resilienz im Sozialen*, a. a. O., S. 295-312; Andreas Folkers, *Das Sicherheitsdispositiv der Resilienz. Katastrophische Risiken und die Biopolitik vitaler Systeme*, Frankfurt/New York: Campus 2018.

25 Kaufmann, »Resilienz als Sicherheitsprogramm«, a. a. O., S. 303.

26 Wolfgang Bonß, »Karriere und sozialwissenschaftliche Potenziale des Resilienzbegriffs«, in: Endreß/Maurer (Hg.), *Resilienz im Sozialen*, a. a. O., S. 15-32.

27 Einen Vorgeschmack auf entsprechenden Unmut bieten etwa die landläufigen Konflikte um Windräder und Stromtrassenprojekte oder um Aufforstung in Entwicklungsländern. So relativierte die indonesische Umweltministerin nach der 26. Klimakonferenz in einem Tweet die Unterzeichnung der gemeinsamen Erklärung zur Wald- und Landnutzung für den Schutz und Erhalt von Wäldern; die Erklärung ist online verfügbar unter: {https://ukcop26.org/glasgow-leaders-declaration-on-forests-and-land-use/}. Klimaschutz und die Reduktion der Rodung des Regenwaldes würden demnach weiterhin dem ökonomischen Fortschritt Indonesiens nachgeordnet; vgl. zu diesem Punkt allgemeiner Franz Walter, *Die neue Macht der Bürger. Was motiviert die Protestbewegungen? BP-Gesellschaftsstudie*, Reinbek bei Hamburg: Rowohlt 2013.

28 David Chandler/Julian Reid, *The Neoliberal Subject. Resilience, Adaptation and Vulnerability*, Lanham: Rowman & Littlefield

Publishers 2016; Stefanie Graefe, *Resilienz im Krisenkapitalismus. Wider das Lob der Anpassungsfähigkeit*, Bielefeld: Transcript 2019; Bröckling, *Gute Hirten führen sanft*, a. a. O.

29 Chandler/Reid, *The Neoliberal Subject*, a. a. O.

30 Ebd., S. 78.

31 Graefe, *Resilienz im Krisenkapitalismus*, a. a. O., S. 130.

32 Ebd., S. 41.

33 Ebd., S. 139.

34 Ebd., S. 151.

35 Bröckling, *Gute Hirten führen sanft*, a. a. O., S. 137.

36 Graefe, *Resilienz im Krisenkapitalismus*, a. a. O., S. 143.

37 Andreas Reckwitz, »Lehren aus der Coronakrise. Die Politik der Resilienz hat vier Probleme«, in: *Der Spiegel* (5. März 2021), online verfügbar unter: {https://www.spiegel.de/psychologie/corona-und-politische-resilienz-was-wir-aus-der-krise-lernen-sollten-a-3cea4d87-0002-0001-0000-000176138623}.

38 Ebd.

39 Ebd.

40 Ebd.

41 Andreas Reckwitz, »Auf dem Weg zu einer Soziologie des Verlusts«, in: *Soziopolis* (6. Mai 2021), online verfügbar unter: {https://www.soziopolis.de/auf-dem-weg-zu-einer-soziologie-des-verlusts.html}.

42 Ebd.

43 Als Effekt liberaler Modernisierung blüht in der Spätmoderne auch ein konservatives Moment auf, ist der Konservatismus doch jene moderne Ideologie, die sich aus der Defensive des Verlusts entwirft: vgl. Karl Mannheim, *Konservatismus. Ein Beitrag zur Soziologie des Wissens*, Frankfurt am Main: Suhrkamp 1984.

44 Martin Kohli, »Gesellschaftszeit und Lebenszeit. Der Lebenslauf im Strukturwandel der Moderne«, in: *Die Moderne. Kontinuitäten und Zäsuren*, *Soziale Welt Sonderband* 4, Göttingen: Otto Schwartz & Co. 1986, S. 183-208.

45 Reckwitz, »Auf dem Weg zu einer Soziologie des Verlusts«, a. a. O.

## 4. Adaptive Rebellion

1 Berlin, »Zwei Freiheitsbegriffe«, a.a.O.
2 Hartmut Rosa, *Resonanz. Eine Soziologie der Weltbeziehung*, Berlin: Suhrkamp 2019.
3 Oliver Nachtwey, *Die Abstiegsgesellschaft. Über das Aufbegehren in der regressiven Moderne*, Berlin: Suhrkamp 2017.
4 Luc Boltanski/Ève Chiapello, *Der neue Geist des Kapitalismus*, Konstanz: UVK 2013 [1999].
5 Ludwig Erhard, *Wohlstand für Alle*, Düsseldorf: Econ 1957.
6 John Kenneth Galbraith, *The Affluent Society*, Boston: Houghton Mifflin 1958.
7 Marshall Sahlins, *Stone Age Economics*, London: Routledge Classics 2017 [1972].
8 David Graeber, »Foreword«, in: Marshall Sahlins, *Stone Age Economics*, a.a.O., S. ix-xviii.
9 Der Begriff der Folgebereitschaft ist eng mit den von Max Weber aufgeworfenen Fragen nach legitimer Herrschaft verknüpft. Sie beschreibt den auf der Seite der Beherrschten ausgelösten Gehorsam gegenüber einer legitimen Herrschaftsordnung; vgl. Max Weber, *Wirtschaft und Gesellschaft. Grundriß der verstehenden Soziologie*, Tübingen: Mohr 1922, S. 122-176; vgl. Wolfgang Fach, »Gourvernementalité und governance. Max Webers Herrschaftssoziologie heute«, in: Müller/Sigmund (Hg.), *Max-Weber-Handbuch*, a.a. O, S. 432-434.
10 Rosa, *Resonanz*, a.a.O., S. 671-706.
11 Andrew Abbott, »The problem of excess«, in: *Sociological Theory* 32/1 (2014), S. 1-26.
12 Sahlins, *Stone Age Economics*, a.a.O., S. 2.
13 Rosa, *Unverfügbarkeit*, a.a.O.
14 Sahlins, *Stone Age Economics*, a.a.O., S. 18.
15 Graeber, »Foreword«, a.a.O.
16 Hartmut Rosa, »Best Account. Skizze einer systematischen Theorie der modernen Gesellschaft«, in: Reckwitz/Rosa, *Spätmoderne in der Krise*, a.a.O., S. 151-252, S. 226.
17 Sahlins, *Stone Age Economics*, a.a.O., S. 14.
18 Ebd., S. 31f.
19 Auch Sahlins selbst kontextualisiert sie in seinem Essay hinsichtlich ihrer Generalisierbarkeit, plädiert aber für die Tragfähigkeit seiner These für die Mehrheit der Jäger- und Samm-

lergesellschaften; vgl. Sahlins, *Stone Age Economics*, a.a.O., S. 36f.

20 So stellte er in Bezug auf den oben erwähnten Kenneth Galbraith die Lebensweise der Wildbeuter etwa dem »Galbraithean way« gegenüber, der auf eine von unbegrenzten Bedürfnissen bei knappen Mitteln geprägten Lebensweise abstelle; vgl. Sahlins, *Stone Age Economics*, a.a.O., S. 2.

21 Karl Mannheim, *Ideologie und Utopie*, Bonn: Cohen 1930.

22 In den oben besprochenen Soziologien stehen etwa Ordnung, Stabilisierung bzw. Herrschaft und Freiheit im Zentrum. In erster Linie ergibt sich Anpassung, wie bei Parsons, praktisch von selbst durch den grundlegenden kulturellen Konsens der Gesellschaftsmitglieder. In den Soziologien der Freiheit ist Anpassung gerade das Gegenteil einer generativen und transformativen Praxis. Sie steht vielmehr als Synonym für die Stabilisierung einer eigentlich falschen Ordnung.

23 Robert K. Merton, »Social structure and anomie«, in: *American Sociological Review* 3/5 (1938), S. 672-682.

24 Ebd., S. 194ff.

25 Ebd.

26 Ebd., S. 211.

27 Karl Mannheim, »Das Problem der Generationen«, in: *Wissenssoziologie. Auswahl aus dem Werk*, herausgegeben von Kurt H. Wolff, Berlin/Neuwied: Luchterhand 1964 [1928], S. 509-565.

28 Heinz Bude, *Deutsche Karrieren. Lebenskonstruktionen sozialer Aufsteiger aus der Flakhelfer-Generation*, Frankfurt am Main: Suhrkamp 1987, S. 427.

29 Ebd., S. 425. Blickt man auf die Bundesrepublik, wirken ihre beiden formativen Generationen bei allen – insbesondere die Thematisierung der kollektiven Vergangenheit betreffenden – Unterschieden in der Rückschau doch auch wie Akteure, die von unterschiedlichen Standorten aus an einem gemeinsamen Faden gesellschaftlicher Liberalisierung webten. Als Träger gesellschaftlicher Veränderung trugen sie zu einer Demokratisierung der Teilhaberegeln an Institutionen bei, wodurch kulturelle Ziele der Liberalisierung konsolidiert wurden. Im Sinne Mannheims teilten sie einen offenen, aber doch auf die Erschließung positiver Möglichkeiten zielenden Zukunftsbegriff.

30 Dieter Rucht, *Modernisierung und neue soziale Bewegungen:*

*Deutschland, Frankreich und USA im Vergleich*, Frankfurt am Main/New York: Campus 1994.

31 Vgl. Boltanski/Chiapello, *Der neue Geist des Kapitalismus*, a. a. O. In der bundesrepublikanischen Selbstthematisierung diffundiert der Generationenbegriff seit den Diskussionen um Flakhelfer und 68er mit zunehmend popkultureller Stoßrichtung. Ob es so etwas wie einen Generationenzusammenhang der Baby Boomer (in Deutschland die Jahrgänge zwischen 1955 und 1969) wirklich gibt, ist umstritten. Zweifellos sind sie viele und zudem die ersten Jahrgänge, die nach dem Nachkriegsboom heranwuchsen. Sie teilen bestimmte Erfahrungen, wären aber als kollektive Kraft gesellschaftlicher Erneuerung wohl falsch beschrieben. Jenseits der rein quantitativen Stärke der Jahrgänge scheint diese Geschichte bisher in etwa auch jene der sogenannten Generationen X, Golf, Y (Millennials) oder Z gewesen zu sein. Man kann ihnen anekdotisch Produkte und Konsumvorlieben zuschreiben. Sie fahren ähnliche Autos, bevorzugen bestimmte Reiseziele und Musikrichtungen. Insofern kann man die zugehörigen Haltungen als »Emanzipationen zweiter Ordnung«, also als weitere Fortführung von Selbstentfaltungsprogrammen erfassen; vgl. Blühdorn, »Die Gesellschaft der Nicht-Nachhaltigkeit«, a. a. O.

32 Während Dieter Rucht noch vorsichtig damit ist, Fridays for Future als Sprachrohr einer Generation zu verstehen, fassen Klaus Hurrelmann und Erik Albrecht die durch die Klimaproteste politisierten Jahrgänge begrifflich bereits als »Generation Greta«. Der Themenkomplex Klima sei für diese Kohorte, einmal aktiviert, nur der Anfang; vgl. Dieter Rucht, »Jugend auf der Straße. Fridays for Future und die Generationenfrage«, in: *WZB Mitteilungen* 165 (2019), S. 6-9; Klaus Hurrelmann/Erik Albrecht, *Generation Greta. Was sie denkt, wie sie fühlt und warum das Klima erst der Anfang ist*, Weinheim/Basel: Beltz 2020.

33 Mattias Wahlström/Piotr Kocyba/Michiel De Vidt/Joost de Moor (Hg.), *Protest For a Future. Composition, Mobilization and Motives of the Participants in Fridays For Future Climate Protests on 15 March 2019 in 13 European Cities*, Protest Institute 2019; Moritz Sommer/Dieter Rucht/Sebastian Haunss/Sabrina Zajak, »Fridays for Future. Profil, Entstehung und Perspektiven der Protestbewegung in Deutschland«, in: *Internationale Politik* 74/4 (2019), S. 121-125.

34 Bei der Interpretation der Ergebnisse ist jedoch zu beachten, dass

aus forschungsethischen Gründen Kinder und Jugendliche unter 14 Jahren nicht befragt und daher in den Forschungsergebnissen nicht berücksichtigt wurden.

35 Hurrelmann/Albrecht, *Generation Greta*, a. a. O., S. 188.

36 Laura Backes et al., »Kinder der Apokalypse«, in: *Der Spiegel* (31. Mai 2019), online verfügbar unter: {https://www.spiegel.de/politik/kinder-der-apokalypse-a-e3e8fa31-0002-0001-0000-000164181061}.

37 Es ist kein Zufall, dass Luisa Neubauer, eine zentrale Repräsentantin der deutschen Fridays-for-Future-Bewegung, und der Politökonom Alexander Repenning ihrem Buch *Vom Ende der Klimakrise* (2019) den vielsagenden Untertitel *Eine Geschichte unserer Zukunft* verliehen haben. In diesem Buch formulieren die Autorin und der Autor einen Appell sogenannter Possibilist:innen, also von Menschen, die Möglichkeiten sehen und sie verwirklichen wollen. Statt auf eine sichere Zukunft arbeitet man auf Konjunktive hin – oder wie Neubauer und Repenning schreiben: »Die Zukunft ist kein Versprechen mehr.« (Luisa-Marie Neubauer/Alexander Repenning, *Vom Ende der Klimakrise. Eine Geschichte unserer* Zukunft, Stuttgart: Tropen 2019, S. 32).

38 Adorno, *Stichworte. Kritische Modelle 2*, a. a. O., S. 29.

39 Konkret hat die Fridays-for-Future-Bewegung für die ersten hundert Tage der Ende 2020 neu konstituierten Bundesregierung ein 1,5-Grad-Celsius konformes $CO_2$-Budget, ein sofortiges Ende neuer Erdgasinfrastrukturprojekte sowie einen Erdgasausstieg bis 2035 gefordert; Subventionen für fossile Energieträger sollen beendet werden und keine weiteren Flächen dem Kohleabbau zum Opfer fallen; zu den Forderungen gehörten außerdem eine Versiebenfachung des Ausbaus von Solar- und Windenergie und die Beseitigung der politischen Bremsen, die dem entgegenstehen; ein Ende fossiler Verbrennungsmotoren ab 2025 sowie den sofortigen Stopp des Neu- oder Ausbaus von Autobahnen sowie Bundesstraßen; Investitionen in Höhe von jährlich 14 Millionen Euro in die internationale Klimafinanzierung sowie eine Absage an menschenrechts- und klimagefährdende Handelsverträge; das entsprechende Papier ist online verfügbar unter: {https://fridaysforfuture.de/forderungen/100-tage/} (Stand Juni 2022).

40 Neubauer/Repenning, *Vom Ende der Klimakrise*, a. a. O., S. 97.

41 Ernst Friedrich Schumacher, *Small is beautiful. Die Rückkehr zum menschlichen Maß*, München: Oekom 2019.

42 Ingolfur Blühdorn, »Haben wir es gewollt? Vorüberlegungen«, in: Blühdorn, Butzlaff et al., *Nachhaltige Nicht-Nachhaltigkeit*, a. a. O., S. 13-28, S. 17.

43 Blühdorn, »Die Gesellschaft der Nicht-Nachhaltigkeit«, a. a. O., S. 113.

44 Strategisch in dem Sinne, dass die zitierte Wissenschaft die eigene Position untermauert und damit gegnerische Ansichten aus dem Spiel nimmt.

45 Ingolfur Blühdorn, »Demokratie der Nicht-Nachhaltigkeit. Begehung eines umweltsoziologischen Minenfeldes«, in: Blühdorn, Butzlaff et al., *Nachhaltige Nicht-Nachhaltigkeit*, a. a. O., S. 303-44, S. 323.

46 Beck, *Die Erfindung des Politischen*, a. a. O., S. 169.

47 Hartmut Rosa greift mit dem Begriff des Mediopassivs philosophische Debatten auf, die versuchen, einen mittleren Weg zwischen Täter und Opfer, Abhängigkeit und Unabhängigkeit, aktiv und passiv zu beschreiben. Ein solch mediopassives Weltverhältnis sei in der Lage, eine »Transformation ums Ganze« möglich zu machen, indem es sich vom längst überholten Souveränitätsparadigma der Moderne verabschieden würde; vgl. Hartmut Rosa, »›Spirituelle Abhängigkeitserklärung‹. Die Idee des Mediopassiv als Ausgangspunkt einer radikalen Transformation«, in: Klaus Dörre et al. (Hg.), *Große Transformation? Zur Zukunft moderner Gesellschaften*, Sonderband des *Berliner Journals für Soziologie*, Wiesbaden: Springer 2019, 35-56.

## 5. Kritikalität und Kritik – Avantgarden der Anpassung

1 Tsing, *Der Pilz am Ende der Welt*, a. a. O., S. 45.

2 Ève Chiapello, »Capitalism and its criticism«, in: *New Spirits of Capitalisms*, herausgegeben von Glenn Morgan und Paul du Gay, Oxford: Oxford University Press 2013, S. 60-82.

3 Mannheim, *Ideologie und Utopie*, a. a. O.

4 Chiapello, »Capitalism and its criticism«, a. a. O., S. 25.

5 Luc Boltanski, *Soziologie und Sozialkritik*, Berlin: Suhrkamp 2010; Boltanski/Chiapello, *Der neue Geist des Kapitalismus*, a. a. O.

6 Streeck, *Gekaufte Zeit*, a. a. O.

7 Boltanski/Chiapello, *Der neue Geist des Kapitalismus*, a.a.O.

8 Chiapello, »Capitalism and its criticism«, a.a.O., S. 60-82.

9 Boltanski/Chiapello, *Der neue Geist des Kapitalismus*, a.a.O.

10 Dass die Inkorporierung der Künstlerkritik auch zu Rückschritten in den Bereichen sozialer Sicherheit und staatsbürgerlicher Anrechte führte, hat ihr freilich selbst die Kritik eingetragen, weniger demokratisierend gewirkt zu haben als die ihr vorangehende Welle der Sozialkritik.

11 Chiapello, »Capitalism and its criticism«, a.a.O., S. 16.

12 Zu Beginn der Pandemie wurde noch angenommen, dass primär eher kleine Risikogruppen von schweren Covid-19-Verläufen betroffen seien.

13 Eine detaillierte Analyse, wie sich die Perspektive auf Homeoffice während der Pandemie geändert hat, findet sich in einer Studie von Infas in Kooperation mit dem Institut für Wirtschaftsforschung (Ifo); vgl. Infas/Ifo, »Homeoffice im Verlauf der Corona-Pandemie«, in: *Themenreport Corona Plattform* 2021, online verfügbar unter: {https://www.bmwi.de/Redaktion/DE/Downloads/I/infas-corona-datenplattform-homeoffice.pdf?__blob=publicationFile&v=4}.

14 Steffen Mau, *Sortiermaschinen. Die Neuerfindung der Grenze im 21. Jahrhundert*, München: Beck 2021.

15 Neckel, *Im Angesicht der Katastrophe*, a.a.O.

16 Andreas Malm, *Corona, Climate, Chronic Emergency. War Communism in the Twenty-First Century*, London/New York: Verso 2020.

17 Dies gilt im Grunde unabhängig vom bisher nicht letztgültig geklärten Ursprung der Pandemie. Denn die nach wie vor dominierende Hypothese des Übersprunges des Erregers von Tieren auf den Menschen verweist auf die expansive Logik menschlicher Zivilisation. Je näher sich Mensch und Wildtier kommen, desto höher die Wahrscheinlichkeit solcher Zoonosen; vgl. Malm, *Corona, Climate, Chronic Emergency*, a.a.O. Sollte sich letzten Endes doch die Hypothese eines Labor-Ursprungs als richtig erweisen, so wäre die Tatsache, dass es sich bei der Pandemie um das Produkt moderner Gesellschaftsformen handelt, wohl noch offensichtlicher.

18 Frank Adloff/Sighard Neckel, »Wettlauf gegen die Zeit. Agenda für eine neue Regierung im Klimajahrzehnt«, in: *Blätter für deutsche und internationale Politik* 10 (2021), S. 55-62.

19 Der Telekom-Techniker war auf einmal mit der Distribution eines Gutes betraut, dessen Funktion für die Gewährleistung der Lebensführung ungeheuer an Bedeutung gewonnen hatte. Krankenhäuser und Supermärkte wurden zu zentralen Orten gesellschaftlicher Krisenabsorption. Zumindest zeitweise trat so ins Bewusstsein, dass auch unter der Oberfläche moderner Ökonomien der Selbstentfaltung eine Praxis kollektiver Selbsterhaltung verborgen liegt, ohne die nichts funktioniert. Die Träger dieser »Fundamentalökonomie« rahmen die Sozialisation, besorgen und sichern das Leben und reproduzieren die dafür notwendigen technischen Bedingungen; vgl. Foundational Economy Collective, *Die Ökonomie des Alltagslebens. Für eine neue Infrastrukturpolitik*, Berlin: Suhrkamp 2019.

20 Eva Barlösius, *Infrastrukturen als soziale Ordnungsdienste. Ein Beitrag zur Gesellschaftsdiagnose*, Frankfurt am Main/New York: Campus 2019.

21 Ziel des Forschungsprojektes war es, die durch die spontane Spaltung des Arbeitsmarktes in systemrelevante und nichtsystemrelevante Berufe ausgelösten Subjektivierungen und die darin enthaltenen gesellschaftlichen Sinnbezüge mithilfe von narrativen Interviews zu erfassen. In vier Untergruppen (Gesundheit, Bildung/Erziehung, Sicherheit und materielle Infrastrukturen) fand die Durchführung sowie die methodische Auswertung der Interviews statt. Im Fokus der Interviews stand dabei die von den betreffenden Personen artikulierte Kritik sowie die diese rahmenden Gesellschaftsbilder. Mithilfe der dokumentarischen Methode, die Ralf Bohnsack auf Grundlage der Mannheim'schen Wissenssoziologie entwickelt hat, wurden auf diese Weise subjektiv gemeinter Sinn wie auch implizite Wissensformen erfasst. Ich danke hierfür den Studierenden meines Masterseminars »Kritikalität und Kritik«; vgl. Ralf Bohnsack/Iris Nentwig-Gesemann/Arnd-Michael Nohl, *Die dokumentarische Methode und ihre Forschungspraxis. Grundlagen qualitativer Sozialforschung*, Wiesbaden: Springer 2013.

22 Annekatrin Schrenker/Claire Samtleben/Markus Schrenker, »Applaus ist nicht genug. Gesellschaftliche Anerkennung systemrelevanter Berufe«, in: *Aus Politik und Zeitgeschichte* 71 (2021), S. 13-15.

23 Schrenker/Samtleben/Schrenker, »Applaus ist nicht genug«, a. a. O.

24 Ungefähr 70 Prozent der systemrelevant Beschäftigten erhalten einen unterdurchschnittlichen Lohn. Der Anteil befristet Beschäftigter ist überdurchschnittlich, Sorgen um die eigene wirtschaftliche Situation stärker ausgeprägt als im Rest des Arbeitsmarktes, obwohl die Tarifbindung aufgrund der Nähe des Feldes zum öffentlichen Dienst höher ausfällt; vgl. Schrenker/Samtleben/Schrenker, »Applaus ist nicht genug«, a. a. O., S. 14.

25 Nicole Mayer-Ahuja/Oliver Nachtwey, *Verkannte Leistungsträger:innen. Berichte aus der Klassengesellschaft*, Berlin: Suhrkamp 2021.

26 Ungefähr 70 Prozent der Beschäftigten bei der Polizei von Bund und Ländern sind Männer, vgl. Statistisches Bundesamt: Pressemitteilung Nr. 57 (18. September 2020), online verfügbar unter: {https://www.destatis.de/DE/Presse/Pressemitteilungen/2020/09/PD20_N057_742.html}.

27 Reckwitz, *Die Gesellschaft der Singularitäten*, a. a. O.

28 Siehe zur Unterscheidung zwischen Input- und Output-Legitimität Fritz W. Scharpf, *Regieren in Europa. Effektiv und Demokratisch?*, Frankfurt am Main/New York: Campus 1999.

## 6. Protektive Technokratie

1 Joseph Schumpeter, *Kapitalismus, Sozialismus, Demokratie*, Bern: Francke 1946, S. 479.

2 In der Tradition der deutschen Technokratiedebatte wurde dieser Punkt in Anschluss an Helmut Schelsky meist als Herrschaft des Sachzwangs beschrieben. Gemeint waren freilich vornehmlich Entwicklungen, die sich aus der Eigenlogik der Technik ergeben sollten und dementsprechend dem politischen Konflikt entzogen waren; vgl. Sophie Haring, »Herrschaft der Experten oder Herrschaft des Sachzwangs? Technokratie als politikwissenschaftliches ›Problem-Ensemble‹«, in: *Zeitschrift für Politik* 57/3 (2010), S. 243-264.

3 Blühdorn, *Simulative Demokratie*, a. a. O.

4 Man denke nur an Platons Betrachtungen der Demokratie, der er das Ideal einer Philosophenherrschaft entgegenstellte (*Der Staat*, Buch VIII), aber auch an Aristoteles' »verfehlte Staatsformen«, Rousseaus These der notwendigen Begrenztheit der Demokratie auf kleine Gemeinschaften oder Kants Gegnerschaft gegenüber

der Demokratie; vgl. Blühdorn, *Simulative Demokratie*, a. a. O., S. 25ff.

5 Ebd., S. 28.

6 Schumpeter, *Kapitalismus, Sozialismus und Demokratie*, a. a. O., S. 427ff.

7 Ebd., S. 436.

8 Ebd., S. 463-465.

9 Blühdorn, *Simulative Demokratie*, a. a. O., S. 40.

10 Jürgen Habermas, *Theorie des kommunikativen Handelns*, Bd. 2: *Zur Kritik der funktionalistischen Vernunft*, Frankfurt am Main: Suhrkamp 1981.

11 Eine genaue Beschreibung der in diesem Spiel modellhaft dargestellten synthetischen Technokratie findet sich unter: Civilopedia, *Synthetische Technokratie* (7. Februar 2022), online verfügbar unter: {https://www.civilopedia.net/de/gathering-storm/governments/government_synthetic_technocracy}.

12 Bruno Latour, *Das Parlament der Dinge. Für eine politische Ökologie*, Frankfurt am Main: Suhrkamp 2001.

13 Georg Jochum/Simon Schaupp, »Die Steuerungswende. Zur Möglichkeit einer nachhaltigen und demokratischen Wirtschaftsplanung im digitalen Zeitalter«, in: *Marx und die Roboter. Vernetzte Produktion, Künstliche Intelligenz und lebendige Arbeit*, herausgegeben von Florian Butollo und Sabine Nuss, Berlin: Dietz 2019, S. 327-44.

14 Civilopedia, *Synthetische Technokratie*, a. a. O.

15 Heute spricht man meist auch im Deutschen von der Socialist Calculation Debate; vgl. Ludwig von Mises, *Economic Calculation in the Socialist Commonwealth*, Auburn: Ludwig von Mises Institute, Auburn University 1990 [1920].

16 Evgeny Morozov, »Digital socialism? The calculation debate in the age of big data«, in: *New Left Review* 116/117 (2019), S. 33-67.

17 Nick Dyer-Witheford, »Red plenty platforms«, in: *Culture Machine* 14 (2013), S. 1-27.

18 Daniel Saros, *Information Technology and Socialist Construction. The End of Capital and the Transition to Socialism*, London: Routledge 2014; Morozov, »Digital socialism?«, a. a. O.; Jochum/Schaupp, »Die Steuerungswende«, a. a. O.; Jasper Bernes, »Planning and anarchy«, in: *South Atlantic Quarterly* 119/1 (2020), S. 53-73, online verfügbar unter: {https://doi.org/10.1215/00382876-8007653}.

19 Cybersyn war ein während der Regierung Salvador Allendes (1970-1973) im Aufbau befindliches Projekt, mit dem die chilenische Wirtschaft in Echtzeit mittels Computertechnologie koordiniert werden sollte. Die Basis des Systems, das nie ganz fertiggestellt wurde, bildete ein Fernschreiber-Netzwerk, über das Fabriken Informationen in das Lenkungszentrum in der Hauptstadt schicken und von dort empfangen sollten. Cybersyn sollte eine Echtzeitkoordination der Wirtschaft jenseits kapitalistischer Märkte ermöglichen. Angedacht war dabei unter anderem auch, TV-Geräte in Privathaushalten, über die Verbraucherinnen und Verbraucher ihre Bedarfe an den Zentralrechner hätten richten können, in das System einzubinden.

20 Bernes, »Planning and anarchy«, a. a. O.

21 Morozov, »Digital socialism?«, a. a. O.; Jochum/Schaupp, »Die Steuerungswende«, a. a. O.

22 Leigh Phillips/Michal Rozworski, *The People's Republic of Walmart. How the World's Biggest Corporations Are Laying the Foundation for Socialism*, London/New York: Verso 2019.

23 James E. Lovelock/Bryan Appleyard/Annabel Zettel, *Novozän. Das kommende Zeitalter der Hyperintelligenz*, München: Beck 2020.

24 Beck, *Die Erfindung des Politischen*, a. a. O.

25 Stephan Lessenich, »Die Dialektik der Demokratie. Grenzziehungen und Grenzüberschreitungen im Wohlfahrtskapitalismus«, in: Ketterer/Becker (Hg.), *Was stimmt nicht mit der Demokratie?*, a. a. O., S. 121-138.

26 Reckwitz, *Das Ende der Illusionen*, a. a. O.

27 Streeck, *Zwischen Globalismus und Demokratie*, a. a. O.

28 Malm, *Corona, Climate, Chronic Emergency*, a. a. O.

29 Benjamin Bratton, *Revenge of the Real. Post-Pandemic Politics*, London/Oxford: Verso 2021.

30 Ebd., S. 33-45.

31 Ebd., S. 43.

32 Ebd., S. 145.

33 Ebd., S. 156.

34 Max Weber, »Wissenschaft als Beruf« (1917/19), in: *Max Weber-Gesamtausgabe*, Bd. I/17: *Wissenschaft als Beruf 1917/1919/Politik als Beruf 1919*, Tübingen: Mohr Siebeck 1992, S. 49-112; Max Weber, »Politik als Beruf« (1919), in: *Max Weber-Gesamtausgabe*, Bd. I/17, a. a. O., S. 113-254.

35 Max Weber, »Wissenschaft als Beruf«, a. a. O., S. 87.
36 Max Weber, »Politik als Beruf«, a. a. O., S. 180.
37 Ebd., S. 252.
38 Max Weber, *Wirtschaft und Gesellschaft. Grundriss der verstehenden Soziologie*, Tübingen: Mohr Siebeck 1922, S. 28.
39 Dieter Senghaas, »The Technocrats. Rückblick auf die Technokratiebewegung in den USA«, in: *Texte zur Technokratiediskussion*, herausgegeben von Claus Koch und Dieter Senghaas, Frankfurt am Main: Europäische Verlagsanstalt 1970, S. 282-295, S. 285.
40 Thorstein Veblen, *The Engineers and the Price System*, Kitchener: Batoche Books 2001 [1921].
41 Senghaas, »The Technocrats«, a. a. O., S. 286.
42 Beispiele für Organisationen und Vereine in den Vereinigten Staaten, die sich im Zuge der technokratischen Bewegung gründeten, waren etwa die Technical Alliance, das Continental Comittee on Technocracy oder Technocracy, Inc.
43 Vgl. Jacques Ellul, *The Technological Society*, London: Cape 1965; Jean Meynaud, *Technocracy*, London: Faber 1968; einen detaillierten Abriss über die Entwicklungen des technokratischen Denkens findet man bei Vincent August, *Technologisches Regieren. Der Aufstieg des Netzwerk-Denkens in der Krise der Moderne. Foucault, Luhmann und die Kybernetik*, Bielefeld: Transcript 2021.
44 Helmut Schelsky, *Der Mensch in der wissenschaftlichen Zivilisation*, Köln/Opladen: Westdeutscher Verlag 1961.
45 Ebd., S. 25.
46 Ebd., S. 31.
47 Offe dachte dabei etwa an die Zerstörung bäuerlicher Lebensmodelle durch eine an technischer Effizienz ausgerichtete Agrarpolitik. In einer planetaren Technokratie im Stile Brattons könnte man dagegen an Legitimationsprobleme denken, die sich aus ökologisch notwendigen Konsumverzichtszwängen ergeben; vgl. Claus Offe, »Das politische Dilemma der Technokratie«, in: Koch/Senghaas (Hg.), *Texte zur Technokratiediskussion*, a. a. O., S. 156-171.
48 Ebd., S. 163.
49 Ebd., S. 166.

# Literaturverzeichnis


Abbott, Andrew (2014), »The problem of excess«, in: *Sociological Theory* 32/1, S. 1-26, online verfügbar unter: {https://doi.org/10.1177/0735275114523419} (alle URL Stand Juni 2022).

Adloff, Frank/Sighard Neckel (2021), »Wettlauf gegen die Zeit. Agenda für eine neue Regierung im Klimajahrzehnt«, in: *Blätter für deutsche und internationale Politik* 10/21, S. 55-62, online verfügbar unter: {https://www.blaetter.de/ausgabe/2021/oktober/wettlauf-gegen-die-zeit}.

Adorno, Theodor W. (1969), *Stichworte. Kritische Modelle 2*, Frankfurt am Main: Suhrkamp.

Albert, Mathias/Klaus Hurrelmann/Gudrun Quenzel (2019), *Jugend 2019. Eine Generation meldet sich zu Wort*, Weinheim/Basel: Beltz.

Albert, Mathias/Klaus Hurrelmann/Gudrun Quenzel (2015), *Jugend 2015. Eine pragmatische Generation im Aufbruch*, Frankfurt am Main: Fischer.

Albert, Mathias/Klaus Hurrelmann/Gudrun Quenzel (2010), *Jugend 2010. Eine pragmatische Generation behauptet sich*, Frankfurt am Main: Fischer.

Alda, Holger/Friedl Hauss/Rainer Land/Andreas Willisch (2003), »Erwerbsverläufe und sekundärer Integrationsmodus. Ergebnisse einer empirischen Untersuchung der Beschäftigungs-Leistung-Historik (BLH) des IAB«, in: *Berliner Debatte Initial* 14/6, S. 70-85.

Almeida, Vanda (2020), »Income inequality and redistribution in the aftermath of the 2007-2008 crisis: The U.S. case«, in: *National Tax Journal* 73/1, S. 77-115, online verfügbar unter: {https://doi.org/10.17310/ntj.2020.1.03}.

Almond, Rosamunde/Monique Grooten/Tanya Petersen (Hg.) (2020), *Living Planet Report 2020. Bending the Curve of Biodiversity Loss*, Gland: WWF, online verfügbar unter: {https://www.zsl.org/sites/default/files/LPR%202020%20Full%20report.pdf}.

Atkinson, Anthony B./Thomas Piketty/Emmanuel Saez (2011), »Top incomes in the long run of history«, in: *Journal of Economic Literature* 49/1, S. 3-71, online verfugbar unter: {https://doi.org/10.1257/jel.49.1.3}.

August, Vincent (2021), *Technologisches Regieren. Der Aufstieg des Netzwerk-Denkens in der Krise der Moderne. Foucault, Luhmann und die Kybernetik*, Bielefeld: Transcript, online verfügbar unter: {https://doi.org/10.14361/9783839455975}.

Backes, Laura/Tobias Becker/Lothar Gorris/Judith Horchert/Anna-Lena Jaensch/Alexander Kühn/Ann-Katrin Müller/Miriam Olbrisch/Maximilian Popp/Marcel Rosenbach/Christoph Scheuermann/Katja Thimm (2019), »Kinder der Apokalypse«, in: *Der Spiegel* (31. Mai 2019), online verfügbar unter: {https://www.spiegel.de/politik/kinder-der-apokalypse-a-e3e8fa31-0002-0001-0000-000164181061}.

Bahl, Friederike/Philipp Staab (2015), »Die Proletarisierung der Dienstleistungsarbeit: Institutionelle Selektivität, Arbeitsprozess und Zukunftsperzeption im Segment einfacher Dienstleistungsarbeit«, in: *Soziale Welt* 66/4, S. 371-387.

Barlösius, Eva (2019), *Infrastrukturen als soziale Ordnungsdienste. Ein Beitrag zur Gesellschaftsdiagnose*, Frankfurt am Main/New York: Campus.

Beck, Ulrich (1993), *Die Erfindung des Politischen. Zu einer Theorie reflexiver Modernisierung*, Frankfurt am Main: Suhrkamp.

Beck, Ulrich (1986), *Risikogesellschaft. Auf dem Weg in eine andere Moderne*, Frankfurt am Main: Suhrkamp.

Bell, Daniel (1979), *Die nachindustrielle Gesellschaft*, Reinbek bei Hamburg: Rowohlt.

Benanav, Aaron (2021), *Automatisierung und die Zukunft der Arbeit*, Berlin: Suhrkamp.

Bendell, Jem/Rupert Read (Hg.) (2021), *Deep Adaptation*, Cambridge/Medford: Polity.

Berkhout, Esmé/Nick Galasso/Max Lawson/Pablo Andrés Rivero Morales/Anjela Taneja/Diego Alejo Vázquez Pimentel (2021), »The inequality virus. Bringing together a world torn apart by coronavirus through a fair, just and sustainable economy«, Briefing Paper, Oxford: Oxfam International, online verfügbar unter: {https://doi.org/10.21201/2021.6409}.

Berlin, Isaiah (2006 [1969]), »Zwei Freiheitsbegriffe«, in: ders., *Freiheit. Vier Versuche*, Frankfurt am Main: Fischer, S. 197-256.

Bernes, Jasper (2020), »Planning and anarchy«, in: *South Atlantic Quarterly* 119/1, S. 53-73, online verfügbar unter: {https://doi.org/10.1215/00382876-8007653}.

Blossfeld, Hans-Peter/Karl Ulrich Mayer (1991), »Berufsstruktureller Wandel und soziale Ungleichheit. Entsteht in der Bundesrepublik ein neues Dienstleistungsproletariat?«, in: *Soziologische Theorie und Empirie*, herausgegeben von Jürgen Friederichs, Opladen: Westdeutscher Verlag 1991, S. 235-260.

Blühdorn, Ingolfur (2020a), »Demokratie der Nicht-Nachhaltigkeit. Begehung eines umweltsoziologischen Minenfeldes«, in: Blühdorn, Butzlaff et al., *Nachhaltige Nicht-Nachhaltigkeit*, a. a. O., S. 303-344.

Blühdorn, Ingolfur (2020b), »Die Gesellschaft der Nicht-Nachhaltigkeit. Skizze einer umweltsoziologischen Gegenwartsdiagnose«, in: Blühdorn, Butzlaff et al., *Nachhaltige Nicht-Nachhaltigkeit*, a. a. O., S. 83-160.

Blühdorn, Ingolfur (2020c), »Haben wir es gewollt? Vorüberlegungen«, in: Blühdorn, Butzlaff et al., *Nachhaltige Nicht-Nachhaltigkeit*, a. a. O., S. 13-28.

Blühdorn, Ingolfur (2013), *Simulative Demokratie. Neue Politik nach der postdemokratischen Wende*, Berlin: Suhrkamp.

Blühdorn, Ingolfur/Felix Butzlaff/Michael Deflorian/Daniel Hausknost/Mirijam Mock (2020), *Nachhaltige Nicht-Nachhaltigkeit. Warum die ökologische Transformation der Gesellschaft nicht stattfindet*, Bielefeld: Transcript.

Bohnsack, Ralf/Iris Nentwig-Gesemann/Arnd-Michael Nohl (2013), *Die dokumentarische Methode und ihre Forschungspraxis. Grundlagen qualitativer Sozialforschung*, Wiesbaden: Springer.

Boltanski, Luc (2010), *Soziologie und Sozialkritik*, Berlin: Suhrkamp.

Boltanski, Luc/Ève Chiapello (2013 [1999]), *Der neue Geist des Kapitalismus*, Konstanz: UVK.

Bonß, Wolfgang (2015), »Karriere und sozialwissenschaftliche Potenziale des Resilienzbegriffs«, in: Endreß/Maurer (Hg.), *Resilienz im Sozialen*, a. a. O., S. 15-32.

Bourdieu, Pierre/Jean-Claude Passeron (1971), *Die Illusion der Chancengleichheit. Untersuchungen zur Soziologie des Bildungswesens am Beispiel Frankreichs*, Stuttgart: Klett.

Bratton, Benjamin (2021), *Revenge of the Real. Post-Pandemic Politics*, London/Oxford: Verso.

Bricker, Jesse/Brian Bucks/Arthur Kennickell/Traci Mach/Kevin Moore (2011), »Surveying the aftermath of the storm: Changes in family finances from 2007-2009«, Working Paper, Finance and Economics Discussion Series 2011-17, Washington, D.C.: Divisions of Research & Statistics and Monetary Affairs, Federal Reserve Board.

Bröckling, Ulrich (2016), *Gute Hirten führen sanft. Über Menschenregierungskünste*, Berlin: Suhrkamp.
Bröckling, Ulrich (2007), *Das unternehmerische Selbst. Soziologie einer Subjektivierungsform*, Frankfurt am Main: Suhrkamp.
Bude, Heinz (2016), *Das Gefühl der Welt über die Macht von Stimmungen*, München: Hanser.
Bude, Heinz (2014), *Gesellschaft der Angst*, Hamburg: Hamburger Edition.
Bude, Heinz (1987), *Deutsche Karrieren. Lebenskonstruktionen sozialer Aufsteiger aus der Flakhelfer-Generation*, Frankfurt am Main: Suhrkamp.

Chandler, David/Julian Reid (2016), *The Neoliberal Subject. Resilience, Adaptation and Vulnerability*, Lanham: Rowman & Littlefield.
Chesterton, Andrew (2018), »How many cars are there in the world?«, in: *Cars Guide* (20. September 2018), online verfügbar unter: {https://www.carsguide.com.au/car-advice/how-many-cars-are-there-in-the-world-70629}.
Chiapello, Ève (2013), »Capitalism and its criticism«, in: *New Spirits of Capitalisms*, herausgegeben von Glenn Morgan und Paul du Gay, Oxford: Oxford University Press 2014, S. 60-82.
Collins, Chuck (2021), »U.S. billionaire wealth surged by 70 percent, or $ 2.1 trillion, during pandemic« (18. Oktober 2021), online verfügbar unter: {https://ips-dc.org/u-s-billionaire-wealth-surged-by-70-percent-or-2-1-trillion-during-pandemic-theyre-now-worth-a-combined-5-trillion/}.

Dahrendorf, Ralf (1979), *Lebenschancen. Anläufe zur sozialen und politischen Theorie*, Frankfurt am Main: Suhrkamp.
Dahrendorf, Ralf (1972), *Konflikt und Freiheit. Auf dem Weg zur Dienstklassengesellschaft*, München: Piper.
Dörre, Klaus (2019), »Risiko Kapitalismus«, in: Dörre, Rosa et al. (Hg.), *Große Transformation?*, a.a.O., S. 3-33.
Dörre, Klaus/Hartmut Rosa/Karina Becker/Sophie Bose/Benjamin Seyd (Hg.) (2019), *Große Transformation? Zur Zukunft moderner Gesellschaften*, Sonderband des *Berliner Journals für Soziologie*, Wiesbaden: Springer.
Durkheim, Émile (2019 [1897]), *Der Selbstmord*, Frankfurt am Main: Suhrkamp.
Durkheim, Émile (1992 [1893]), *Über soziale Arbeitsteilung. Studie*

*über die Organisation höherer Gesellschaften*, Frankfurt am Main: Suhrkamp.
Durkheim, Émile (1991), *Physik der Sitten und des Rechts. Vorlesungen zur Soziologie der Moral*, Frankfurt am Main: Suhrkamp.
Dyer-Witheford, Nick (2013), »Red plenty platforms«, in: *Culture Machine* 14, S. 1-27.

Ehrenberg, Alain (2010), »Depression. Unbehagen in der Kultur oder neue Formen der Sozialität«, in: Menke/Rebentisch (Hg.), *Kreation und Depression*, a. a. O., S. 52-62.
Ehrenberg, Alain (2004), *Das erschöpfte Selbst. Depression und Gesellschaft in der Gegenwart*, Frankfurt am Main/New York: Campus.
Ellul, Jacques (1965), *The Technological Society*, London: Cape.
Emmott, Stephen (2013), *Zehn Milliarden*, Berlin: Suhrkamp 2013.
Endreß, Martin/Andrea Maurer (Hg.) (2015), *Resilienz im Sozialen. Theoretische und empirische Analysen*, Wiesbaden: Springer.
Erhard, Ludwig (1957), *Wohlstand für Alle*, Düsseldorf: Econ.
Esping-Andersen, Gøsta (Hg.), *Changing Classes. Stratification and Mobility in Post-Industrial Societies*, London/Newbury Park/New Delhi: Sage.

Fach, Wolfgang (2020), »Gouvernementalité und governance. Max Webers Herrschaftssoziologie heute«, in: Müller/Sigmund (Hg.), *Max-Weber-Handbuch*, a. a. O., S. 432-434.
Food and Agriculture Organization (FAO)/United Nations Environment Program (UNEP) (Hg.) (2020), *The State of the World's Forests 2020. Forests, Biodiversity and People*, Rom: FAO/UNEP, online verfügbar unter: {https://doi.org/10.4060/ca8642en}.
Felli, Romain (2021), *The Great Adaptation. Climate, Capitalism and Catastrophe*, London/New York: Verso.
Fligstein, Neil/Zawadi Rucks-Ahidiana, »The rich got richer: The effects of the financial crisis on household well-being, 2007-2009«, RLE Working Paper No. 121-15, University of California, Berkeley, online verfügbar unter: {https://irle.berkeley.edu/files/2015/The-Rich-Got-Richer.pdf}.
Folke, Carl (2006), »Resilience: The emergence of a perspective for social-ecological systems analyses«, in: *Global Environmental Change* 16/3, S. 253-267, online verfügbar unter: {https://doi.org/10.1016/j.gloenvcha.2006.04.002}.

Folkers, Andreas (2018), *Das Sicherheitsdispositiv der Resilienz. Katastrophische Risiken und die Biopolitik vitaler Systeme*, Frankfurt/New York: Campus.

Foundational Economy Collective (Hg.) (2019), *Die Ökonomie des Alltagslebens. Für eine neue Infrastrukturpolitik*, Berlin: Suhrkamp.

Freudenberger, Herbert J. (1977), »Burn-out: The organizational menace«, in: *Training & Development Journal* 31/7, S. 26f.

Galbraith, John Kenneth (1958), *The Affluent Society*, Boston: Houghton Mifflin.

Geiselberger, Heinrich (Hg.) (2017), *Die große Regression. Eine internationale Debatte über die geistige Situation der Zeit*, Berlin: Suhrkamp.

Gerbaudo, Paolo (2021), *The Great Recoil. Politics After Populism and Pandemic*, London/New York: Verso.

Grinstein-Weiss, Michal/Clinton Key/Shenyang Guo/Yeong Hun Yeo/Krista Holub (2013), »Homeownership and wealth among low- and moderate-income households«, in: *Housing Policy Debate* 23/2, S. 259-79, online verfügbar unter: {https://doi.org/10.1080/10511482.2013.771786}.

Goldthorpe, John H. (1995), »The service class revisited«, in: *Social Change and the Middle Classes*, herausgegeben von Tim Butler und Mike Savage, London: UCL Press.

Goodhart, David (2017), *The Road to Somewhere. The Populist Revolt and the Future of Politics*, London: Hurst & Company.

Gordon, Robert (2016), *The Rise and Fall of American Growth. The U.S. Standard of Living since the Civil War*, Princeton/Oxford: Princeton University Press.

Graeber, David (2017), »Foreword to the Routledge Classics edition«, in: Sahlins, *Stone Age Economics*, London: Routledge, S. ix-xviii.

Graefe, Stefanie (2019), *Resilienz im Krisenkapitalismus. Wider das Lob der Anpassungsfähigkeit*, Bielefeld: Transcript.

Graefe, Stefanie/Karina Becker (Hg.) (2021), *Mit Resilienz durch die Krise? Anmerkungen zu einem gefragten Konzept*, München: Oekom.

Gurr, Ted R. (1970), *Why Men Rebel*, Princeton/Oxford: Princeton University Press.

Habermas, Jürgen (1981), *Theorie des kommunikativen Handelns*, Bd. 2, *Zur Kritik der funktionalistischen Vernunft*, Frankfurt am Main: Suhrkamp.

Haring, Sophie (2010), »Herrschaft der Experten oder Herrschaft des Sachzwangs? – Technokratie als politikwissenschaftliches ›Problem-Ensemble‹«, in: *Zeitschrift für Politik* 57/3, S. 243-64, online verfügbar unter: {https://doi.org/10.5771/0044-3360-2010-3-243}.

Hedges & Company (2021), »How many cars are there in the world in 2022?« (24. Juni 2021), online verfügbar unter: {https://hedgescompany.com/blog/2021/06/how-many-cars-are-there-in-the-world/}.

Hillmann, Karl-Heinz/Günter Hartfiel (2007), *Wörterbuch der Soziologie*, Stuttgart: Kröner.

Hobbes, Thomas (2015 [1651]), *Leviathan*, Hamburg: Meiner.

Holling, Crawford S. (1973), »Resilience and stability of ecological systems«, in: *Annual Review of Ecology and Systematics* 4, S. 1-23.

Horkheimer, Max/Theodor W. Adorno (2003 [1944]), *Dialektik der Aufklärung. Philosophische Fragmente*, Frankfurt am Main: Suhrkamp.

Hurrelmann, Klaus/Erik Albrecht (2020), *Generation Greta. Was sie denkt, wie sie fühlt und warum das Klima erst der Anfang ist*, Weinheim/Basel: Beltz.

Hurrelmann, Klaus/Mathias Albert (2006), *Jugend 2006. Eine pragmatische Generation unter Druck*, Frankfurt am Main: Fischer.

Hurrelmann, Klaus/Mathias Albert (2002), *Jugend 2002. Zwischen pragmatischem Idealismus und robustem Materialismus*, Frankfurt am Main: Fischer.

Infas/Institut für Wirtschaftsforschung (IFO) (2021), »Homeoffice im Verlauf der Corona-Pandemie«, Themenreport Corona Plattform 2021, online verfügbar unter: {https://www.bmwi.de/Redaktion/DE/Downloads/I/infas-corona-datenplattform-homeoffice.pdf?__blob=publicationFile&v=4}.

Inglehart, Ronald, *Kultureller Umbruch. Wertwandel in der westlichen Welt*, Frankfurt am Main/New York: Campus 1995.

Intergovernmental Science-Policy Platform on Biodiversity and Ecosystem Services (IPBES) (Hg.) (2019), *Global Assessment Report on Biodiversity and Ecosystem Services of the Intergovern-*

*mental Science-Policy Platform on Biodiversity and Ecosystem Services*, Bonn: IPBES, {https://doi.org/10.5281/zenodo.5657041}.

International Organization of Motor Vehicle Manufacturers (IOICA) (2022), »World vehicles in use – all vehicles« (24. März 2022), online verfügbar unter: {https://www.oica.net/wp-content/uploads//Total_in-use-All-Vehicles.pdf}.

International Resource Panel (IRP) (Hg.) (2019), *Global Resources Outlook 2019. Natural Resources for the Future We Want*, Nairobi: UNEP, online verfügbar unter: {https://www.resourcepanel.org/reports/global-resources-outlook}.

IRP (Hg.) (2017), *Assessing Global Resource Use. A Systems Approach to Resource Efficiency and Pollution Reduction*, Nairobi: UNEP, online verfügbar unter: {https://www.resourcepanel.org/reports/assessing-global-resource-use}.

Jochum, Georg/Simon Schaupp (2019), »Die Steuerungswende. Zur Möglichkeit einer nachhaltigen und demokratischen Wirtschafsplanung im digitalen Zeitalter«, in: *Marx und die Roboter. Vernetzte Produktion, Künstliche Intelligenz und lebendige Arbeit*, herausgegeben von Florian Butollo und Sabine Nuss, Berlin: Dietz, S. 327-44.

Jugendwerk der Deutschen Shell (Hg.) (1982), *Jugend '81. Lebensentwürfe, Alltagskulturen, Zukunftsbilder. Studie im Auftrag des Jugendwerks der Deutschen Shell*, Opladen: Leske und Budrich.

Kaufmann, Stefan (2015), »Resilienz als Sicherheitsprogramm. Zum Janusgesicht eines Leitprogramms«, in: Endreß/Maurer (Hg.), *Resilienz im Sozialen*, a. a. O., S. 295-312.

Ketterer, Hanna/Karina Becker (Hg.) (2019), *Was stimmt nicht mit der Demokratie? Eine Debatte mit Klaus Dörre, Nancy Fraser, Stephan Lessenich und Hartmut Rosa*, Berlin: Suhrkamp.

Kiely, Ray (2017), »From authoritarian liberalism to economic technocracy: Neoliberalism, politics and ›de-democratization‹«, in: *Critical Sociology* 43/4-5, S. 725-745, {https://doi.org/10.1177/0896920516668386}.

Koch, Claus/Dieter Senghaas (Hg.) (1970), *Texte zur Technokratiediskussion*, Frankfurt am Main: Europäische Verlagsanstalt.

Kohli, Martin (1986), »Gesellschaftszeit und Lebenszeit. Der Lebenslauf im Strukturwandel der Moderne«, in: *Die Moderne. Kontinui-*

*täten und Zäsuren*, *Soziale Welt Sonderband* 4, Göttingen: Otto Schwartz & Co., S. 183-208.

Koselleck, Reinhart/Christian Meier (1975), »Fortschritt«, in: *Geschichtliche Grundbegriffe. Historisches Lexikon zur politisch-sozialen Sprache in Deutschland*, Band 2, herausgegeben von Otto Brunner, Werner Conze und Reinhart Koselleck, Stuttgart: Klett-Cotta, S. 351-423.

Kuhn, Moritz/Moritz Schularick/Ulrike Steins (2018), »Research: How the financial crisis drastically increased wealth inequality in the U.S.«, in: *Harvard Business Review* (13. September 2018), online verfügbar unter: {https://hbr.org/2018/09/research-how-the-financial-crisis-drastically-increased-wealth-inequality-in-the-u-s}.

Lange, Steffen/Tilman Santarius (2018), *Smarte grüne Welt? Digitalisierung zwischen Überwachung, Konsum und Nachhaltigkeit*, München: Oekom.

Latour, Bruno (2017), »Refugium Europa«, in: Geiselberger (Hg.), *Die große Regression*, a. a. O., S. 135-148.

Latour, Bruno (2001), *Das Parlament der Dinge. Für eine politische Ökologie*, Frankfurt am Main: Suhrkamp.

Lessenich, Stephan (2019), »Die Dialektik der Demokratie. Grenzziehungen und Grenzüberschreitungen im Wohlfahrtskapitalismus«, in: Ketterer/Becker (Hg.), *Was stimmt nicht mit der Demokratie?*, Berlin: Suhrkamp, S. 121-138.

Lessenich, Stephan (2016), *Neben uns die Sintflut. Die Externalisierungsgesellschaft und ihr Preis*, München: Hanser Berlin.

Lessenich, Stephan (2009), *Die Neuerfindung des Sozialen. Der Sozialstaat im flexiblen Kapitalismus*, Bielefeld: Transcript.

Lipset, Seymour M. (1960), *Political Man. The Social Bases of Politics*, Garden City: Doubleday.

Lovelock, James E./Bryan Appleyard/Annabel Zettel (2020), *Novozän. Das kommende Zeitalter der Hyperintelligenz*, München: Beck.

Luhmann, Niklas (2001 [1969]), *Legitimation durch Verfahren*, Frankfurt am Main: Suhrkamp.

Luthar, Suniya S./Dante Cicchetti/Bronwyn Becker (2000), »The construct of resilience: A critical evaluation and guidelines for future work«, in: *Child Development* 71/3, S. 543-562, {https://doi.org/10.1111/1467-8624.00164}.

Malm, Andreas (2020), *Corona, Climate, Chronic Emergency. War Communism in the Twenty-First Century*, London/New York: Verso.
Mannheim, Karl (1984), *Konservatismus. Ein Beitrag zur Soziologie des Wissens*, Frankfurt am Main: Suhrkamp.
Mannheim, Karl (1964 [1928]), »Das Problem der Generationen«, in: *Wissenssoziologie. Auswahl aus dem Werk*, herausgegeben von Kurt H. Wolff, Berlin/Neuwied: Luchterhand, S. 509-565.
Mannheim, Karl (1930), *Ideologie und Utopie*, Bonn: Cohen.
Mansfield, Edward D./Nita Rudra (2021), »Embedded liberalism in the digital era«, in: *International Organization* 75/2, S. 558-585, online verfügbar unter: {https://doi.org/10.1017/S0020818320000569}.
Marcuse, Herbert (2004 [1964]), *Der eindimensionale Mensch. Studien zur Ideologie der fortgeschrittenen Industriegesellschaft*, München: dtv.
Marty, Christian (2020), »Freiheit«, in: Müller/Sigmund (Hg.), *Max-Weber-Handbuch*, a. a. O., S. 70-72.
Marty, Christian (2019), *Max Weber. Ein Denker der Freiheit*, Weinheim/Basel: Beltz Juventa.
Mau, Steffen (2021), *Sortiermaschinen. Die Neuerfindung der Grenze im 21. Jahrhundert*, München: Beck.
Mayer-Ahuja, Nicole/Oliver Nachtwey (2021), *Verkannte Leistungsträger:innen. Berichte aus der Klassengesellschaft*, Berlin: Suhrkamp.
Merton, Robert K. (1938), »Social structure and anomie«, in: *American Sociological Review* 3/5, S. 672-682, online verfügbar unter: {https://doi.org/10.2307/2084686}.
Meynaud, Jean (1968), *Technocracy*, London: Faber.
Milanović, Branko (2020), *Die ungleiche Welt. Migration, das Eine Prozent und die Zukunft der Mittelschicht*, Berlin: Suhrkamp.
Mises, Ludwig von (1990 [1920]), *Economic Calculation in the Socialist Commonwealth*, Auburn: Ludwig Von Mises Institute, Auburn University.
Morelli, Salvatore (2018), »Banking crises in the US: The response of top income shares in a historical perspective«, in: *The Journal of Economic Inequality* 16/2, S. 257-294, online verfügbar unter: {https://doi.org/10.1007/s10888-018-9387-9}.
Morozov, Evgeny (2019), »Digital socialism? The Calculation Debate in the age of big data«, in: *New Left Review* 116/117, S. 33-67.

Müller, Hans-Peter/Steffen Sigmund (Hg.) (2020), *Max-Weber-Handbuch. Leben – Werk – Wirkung*, Stuttgart/Weimar: Metzler.
Müller, Jan-Werner (2016), *Was ist Populismus? Ein Essay*, Berlin: Suhrkamp.

Nachtwey, Oliver (2017), *Die Abstiegsgesellschaft. Über das Aufbegehren in der regressiven Moderne*, Berlin: Suhrkamp.
Neckel, Sighard (2021), »Im Angesicht der Katastrophe«, in: *Blätter für deutsche und internationale Politik* 2/21, S. 51-58, online verfügbar unter: {https://www.blaetter.de/ausgabe/2021/februar/im-angesicht-der-katastrophe} (Stand März 2022).
Neckel, Sighard (2012), »Die Wirklichkeit des Leistungsprinzips. Ansprüche, Krisen, Kritik«, in: *Kurswechsel* 3, S. 64-70.
Neckel, Sighard/Greta Wagner (Hg.) (2013), *Leistung und Erschöpfung. Burnout in der Wettbewerbsgesellschaft*, Berlin: Suhrkamp.
Neubauer, Luisa-Marie/Alexander Repenning (2019), *Vom Ende der Klimakrise. Eine Geschichte unserer Zukunft*, Stuttgart: Tropen.

Oesch, Daniel (2006), *Redrawing the Class Map. Stratification and Institutions in Britain, Germany, Sweden, and Switzerland*, New York: Palgrave Macmillan.
Offe, Claus (1970), »Das politische Dilemma der Technokratie«, in: Koch/Senghaas (Hg.), *Texte zur Technokratiediskussion*, a.a.O., S. 156-171.

Parsons, Talcott (1949), *The Structure of Social Action. A Study in Social Theory with Special Reference to a Group of Recent European Writers*, New York: The Free Press.
Pelling, Mark (2010), *Adaptation to Climate Change. From Resilience to Transformation*, London: Routledge, online verfügbar unter: {https://doi.org/10.4324/9780203889046}.
Pfeffer, Fabian T./Sheldon Danziger/Robert F. Schoeni (2013), »Wealth disparities before and after the Great Recession«, in: *The Annals of the American Academy of Political and Social Science* 650/1, S. 98-123
Phillips, Leigh/Michal Rozworski (2019), *The People's Republic of Walmart. How the World's Biggest Corporations are Laying the Foundation for Socialism*, London/New York: Verso.
Piketty, Thomas (2016), *Das Kapital im 21. Jahrhundert*, München: Beck.

Platon, *Der Staat.*

Polanyi, Karl (1995 [1944]), *The Great Transformation. Politische und ökonomische Ursprünge von Gesellschaften und Wirtschaftssystemen*, Frankfurt am Main: Suhrkamp.

Promberger, Markus/Lars Meier/Frank Sowa/Marie Boost (2015), »Chancen des Resilienzbegriffes für eine soziologische Armutsforschung«, in: Endreß/Maurer (Hg.), *Resilienz im Sozialen*, a.a.O., S. 265-294.

Reckwitz, Andreas (2021a), »Lehren aus der Coronakrise: Die Politik der Resilienz hat vier Probleme«, in: *Der Spiegel* (5. März 2021), online verfügbar unter: {https://www.spiegel.de/psychologie/corona-und-politische-resilienz-was-wir-aus-der-krise-lernen-sollten-a-3cea4d87-0002-0001-0000-000176138623} (Stand März 2022).

Reckwitz, Andreas (2021b), »Auf dem Weg zu einer Soziologie des Verlusts«, in: *Soziopolis* (6. Mai 2021), online verfügbar unter: {https://www.soziopolis.de/auf-dem-weg-zu-einer-soziologie-des-verlusts.html}.

Reckwitz, Andreas (2019), *Das Ende der Illusionen. Politik, Ökonomie und Kultur in der Spätmoderne*, Berlin: Suhrkamp.

Reckwitz, Andreas (2018), *Die Gesellschaft der Singularitäten. Zum Strukturwandel der Moderne*, Berlin: Suhrkamp.

Reckwitz, Andreas/Hartmut Rosa (2021), *Spätmoderne in der Krise. Was leistet die Gesellschaftstheorie?*, Berlin: Suhrkamp.

Redecker, Eva von (2020), *Revolution für das Leben. Philosophie der neuen Protestformen*, Frankfurt am Main: Fischer.

Rifkin, Jeremy (2014), *Die Null-Grenzkosten-Gesellschaft. Das Internet der Dinge, kollaboratives Gemeingut und der Rückzug des Kapitalismus*, Frankfurt am Main/New York: Campus.

Rheingold Institut (2021), »Psychologische Grundlagenstudie. Zum Stimmungs- und Zukunftsbild in Deutschland«, online verfügbar unter: {https://www.rheingoldnews.de/webinare/Ergebnisse%20Zukunftsstudie_final.pdf}.

Rosa, Hartmut (2021), »Best Account. Skizze einer systematischen Theorie der modernen Gesellschaft«, in: Reckwitz/Rosa, *Spätmoderne in der Krise*, a.a.O., S. 151-252.

Rosa, Hartmut (2020), *Unverfügbarkeit*, Berlin: Suhrkamp.

Rosa, Hartmut (2019a), *Resonanz eine Soziologie der Weltbeziehung*, Berlin: Suhrkamp.

Rosa, Hartmut (2019b), »›Spirituelle Abhängigkeitserklärung‹. Die Idee des Mediopassiv als Ausgangspunkt einer radikalen Transformation«, in: Dörre, Rosa et al. (Hg.), *Große Transformation?*, a.a.O., S. 35-56.
Rosa, Hartmut (2013), *Beschleunigung und Entfremdung. Entwurf einer kritischen Theorie spätmoderner Zeitlichkeit*, Berlin: Suhrkamp.
Rucht, Dieter (2019), »Jugend auf der Straße. Fridays for Future und die Generationenfrage«, in: *WZB Mitteilungen* 165, S. 6-9.
Rucht, Dieter (1994), *Modernisierung und neue soziale Bewegungen: Deutschland, Frankreich und USA im Vergleich*, Frankfurt am Main/New York: Campus.
Ruggie, John G. (2003), »Taking embedded liberalism global: The corporate connection«, in: *Taming Globalization. Frontiers of Governance*, herausgegeben von David Held und Mathias Koenig-Archibugi, Cambridge/Medford: Polity, S. 93-129.
Ruggie, John G. (1982), »International regimes, transactions, and change: Embedded liberalism in the postwar economic order«, in: *International Organization* 36/2, S. 379-415.

Sahlins, Marshall (2017 [1972]), *Stone Age Economics*, London: Routledge Classics.
Sahr, Aaron (2017a), *Das Versprechen des Geldes. Eine Praxistheorie des Kredits*, Hamburg: Hamburger Edition.
Sahr, Aaron (2017b), *Keystroke-Kapitalismus. Ungleichheit auf Knopfdruck*, Hamburg: Hamburger Edition.
Sandel, Michael J. (2020), *Vom Ende des Gemeinwohls. Wie die Leistungsgesellschaft unsere Demokratien zerreißt*, Frankfurt am Main: Fischer.
Saros, Daniel (2014), *Information Technology and Socialist Construction. The End of Capital and the Transition to Socialism*, London: Routledge.
Scharpf, Fritz W. (1999), *Regieren in Europa. Effektiv und demokratisch?*, Frankfurt am Main/New York: Campus Verlag.
Schelsky, Helmut (1961), *Der Mensch in der wissenschaftlichen Zivilisation*, Köln/Opladen: Westdeutscher Verlag.
Schrenker, Annekatrin/Claire Samtleben/Markus Schrenker (2021), »Applaus ist nicht genug. Gesellschaftliche Anerkennung systemrelevanter Berufe«, in: *Aus Politik und Zeitgeschichte* 71/13-15, S. 12-18, online verfügbar unter: {https://www.bpb.de/shop/

zeitschriften/apuz/im-dienst-der-gesellschaft-2021/329316/applaus-ist-nicht-genug/}.

Schumacher, Ernst F. (2019), *Small is beautiful. Die Rückkehr zum menschlichen Maß*, München: Oekom.

Schumpeter, Joseph A. (1946), *Kapitalismus, Sozialismus und Demokratie*, Bern: Francke.

Senghaas, Dieter (1970), »The Technocrats. Rückblick auf die Technokratiebewegung in den USA«, in: Koch/Senghaas (Hg.), *Texte zur Technokratiediskussion*, a. a. O., S. 282-295.

Servigne, Pablo/Raphaël Stevens (2020), *How Everything Can Collapse. A Manual for Our Times*, Cambridge: Polity.

Silva, Patricio (1998), »Neoliberalism, democratization, and the rise of technocrats«, in: *The Changing Role of the State in Latin America*, herausgegeben von Menno Vellingo, London: Routledge, S. 75-92.

Sommer, Moritz/Dieter Rucht/Sebastian Haunss/Sabrina Zajak (2019), »Fridays for Future. Profil, Entstehung und Perspektiven der Protestbewegung in Deutschland«, in: *Internationale Politik* 74/4, S. 121-125, online verfügbar unter: {https://doi.org/10.13140/RG.2.2.32374.96327}.

Staab, Philipp (2019), *Digitaler Kapitalismus. Markt und Herrschaft in der Ökonomie der Unknappheit*, Berlin: Suhrkamp.

Staab, Philipp (2016), *Falsche Versprechen. Wachstum im digitalen Kapitalismus*, Hamburg: Hamburger Edition.

Staab, Philipp (2014), *Macht und Herrschaft in der Servicewelt*, Hamburg: Hamburger Edition.

Staab, Philipp/Thorsten Thiel (2021), »Privatisierung ohne Privatismus. Soziale Medien im digitalen Strukturwandel der Öffentlichkeit«, in: Martin Seeliger/Sebastian Sevignani (Hg.), *Ein neuer Strukturwandel der Öffentlichkeit?*, Baden-Baden: Nomos, S. 277-297.

Sterk, Marjolein/Ingrid A. van de Leemput/Edwin THM Peeters (2017), »How to conceptualize and operationalize resilience in socio-ecological systems?«, in: *Current Opinion in Environmental Sustainability* 28, S. 108-113, online verfügbar unter: {https://doi.org/10.1016/j.cosust.2017.09.003}.

Streeck, Wolfgang (2021), *Zwischen Globalismus und Demokratie. Politische Ökonomie im ausgehenden Neoliberalismus*, Berlin: Suhrkamp.

Streeck, Wolfgang (2016), *How Will Capitalism End? Essays on a Failing System*, London/New York: Verso.

Streeck, Wolfgang (2013), *Gekaufte Zeit. Die vertagte Krise des demokratischen Kapitalismus*, Berlin: Suhrkamp.

Streeck, Wolfgang (2012), »Citizens as customers. Considerations on the new politics of consumption«, in: *New Left Review* 2/76, S. 27-47.

Thunman, Elin (2013), »Burnout als soziopathologisches Symptom der Selbstverwirklichung«, in: Neckel/Wagner (Hg.), *Leistung und Erschöpfung*, S. 58-85.

Tsing, Anna Lowenhaupt (2018), *Der Pilz am Ende der Welt. Über das Leben in den Ruinen des Kapitalismus*, Berlin: Matthes & Seitz.

UNEP (Hg.) (2014), *Assessing Global Land Use. Balancing Consumption with Sustainable Supply. A Report of the Working Group on Land and Soils of the International Resource Panel*, Nairobi: United Nations Environment Program.

Veblen, Thorstein (2001 [1921]), *The Engineers and the Price System*, Kitchener: Batoche Books.

Vogl, Joseph (2021), *Kapital und Ressentiment. Eine kurze Theorie der Gegenwart*, München: Beck.

Vogl, Joseph (2011), *Das Gespenst des Kapitals*, Zürich: Diaphanes.

Wahlström, Mattias/Piotr Kocyba/Michiel De Vydt/Joost de Moor (Hg.) (2019), *Protest For a Future: Composition, Mobilization and Motives of the Participants in Fridays For Future Climate Protests on 15 March 2019 in 13 European Cities, Protest Institute*, online verfügbar unter: {https://protestinstitut.eu/wp-content/uploads/2019/07/20190709_Protest-for-a-future_GCS-Descriptive-Report.pdf} (Stand März 2022).

Walter, Franz (2013), *Die neue Macht der Bürger. Was motiviert die Protestbewegungen?*, BP-Gesellschaftsstudie, Reinbek bei Hamburg: Rowohlt.

Weber, Max (2016 [1904/05]), *Die protestantische Ethik und der Geist des Kapitalismus*, Berlin: Holzinger.

Weber, Max (1992 [1917/19]), »Wissenschaft als Beruf«, in: *Max Weber-Gesamtausgabe*, Bd. I/17, *Wissenschaft als Beruf 1917/1919/ Politik als Beruf 1919*, Tübingen: Mohr Siebeck, S. 49-112.

Weber, Max (1992 [1919]), »Politik als Beruf«, in: *Max Weber-Gesamtausgabe*, Bd. I/17, a.a.O., S. 113-254.

Weber, Max (1922), *Wirtschaft und Gesellschaft. Grundriß der verstehenden Soziologie*, Tübingen: Mohr Siebeck.
Winkler, Karina/Richard Fuchs/Mark Rounsevell/Martin Herold (2021), »Global land use changes are four times greater than previously estimated«, in: *Nature Communications* 12/1, S. 1-10, online verfügbar unter: {https://doi.org/10.1038/s41467-021-22702-2}.
Wolff, Edward N. (2012), »The asset price meltdown and the wealth of the middle class«, NBER Working Paper, Cambridge: National Bureau of Economic Research.

Zuboff, Shoshana (2018), *Das Zeitalter des Überwachungskapitalismus*, Frankfurt am Main/New York: Campus.